KB132869

세상에 대하여
우리가
더잘 알아야 할
교양

82

지은이 소개

지은이 **민노(강성모)**

2005년부터 블로그(민노씨.네)를 운영하고, 2012년 이후 슬로우뉴스 대표 겸 편집장으로 활동하고 있습니다. 비영리 컨퍼런스 프로젝트 '인터넷주인찾기' 프로그래머(2010~2011), '스릉흔드 인터넷 페스티벌: 모험가들' 총 감독(2012), 망중립성이용자포험 운영위원(2012~2015)과 진보네트워크 운영위원(2013~2017), 유권자자유네트 워크 공동집행위원장(2011~2012)으로으로 참여했습니다. 현재는 경실련 소비자정의센터 운영위원(2012년~) 으로 참여하고 있습니다. 공저로는 《망중립성을 말하다》《중등 교사를 위한 정보문화교육 지도서》가 있습니다.

세 상에 대하여
우리가
더잘 알아야 할
교양

민노(강성모) 지음

82

명예훼손
사실을 말해도?

내인생의책

차례

※ 본문의 **굵은 글씨**로 표시된 단어는 90페이지 용어 설명에서 찾아보세요.

들어가며

답이 중요할까요, 아니면 질문이 중요할까요? 엉뚱한 질문 같
지만, 어쩌면 정말 중요한 질문일지 모릅니다. 저는 답보
다 질문이 중요하다고 생각합니다. 왜냐하면, 답은 질문에 따라 달라지기 때
문입니다. '답정너(답은 정해져 있고 너는 대답만 하면 돼)'라는 유행어가 있
습니다. 어떤 질문은 질문하는 사람이 듣고 싶은 답을 위해 만들어지기도
합니다. 우리는 지금까지 누군가 만든 질문에 답하는 것으로 만족해왔습니
다. 이제 스스로 질문을 던질 차례입니다.

하지만 그 질문은 정확해야 합니다. 문제의 핵심을 찔러야 합니다. 질문이
정확하다면 언젠가 답은 옵니다. 그 질문에 관한 호기심을 놓치지 않는다
면, 답은 언젠가 우리에게 도착합니다. 하지만 그때 도착한 정답에만 만족
해선 안 됩니다. 왜냐하면, 질문은 계속 끊임없이 살아 숨 쉬는 현실, 나날이
변화하는 시공간 속에서 또 다른 질문과 답을 원할 것이기 때문입니다.

이 책을 읽는 독자 여러분은 대부분 한국에서 태어났을 겁니다. 한국에서
태어났다는 건 어떤 의미일까요? 매우 많은 의미가 있겠습니다만, 그중 하
나는 질문에 답해야 하는 훈련을 아주 혹독하게 치르면서 자랐다는 겁니다.
우리 교육은 그 상황과 조건에 맞춰 스스로 질문하는 법을 가르치지 않습니

다. 그보다는 이미 만들어진 어른들의 질문에 관해 어떻게 정확히 답할지를 가르칩니다.

질문에 답하는 학습이나 훈련이 그 자체로 열등하거나 혹은 반대로 우월하다고 말하는 것이 아닙니다. 주입식 교육은 어쩌면 너무 쉽게 열등한 것으로 취급하는 것인지 모르겠습니다. 그것은 우리의 선입견 때문에 어쩌면 역차별받고 있을지 모를 일입니다. 창의나 창조라는 것은 우리가 어렵게 외우고 익힌 지식의 벽돌 위에서 지어집니다. 그 지식의 벽돌을 가장 효과적으로 생산하는 방식 중 하나가 주입식 교육입니다. 어떤 창조적인 결과물이 마치 벼락처럼 하늘에서 떨어지는 일은 없습니다.

하지만 새는 좌우 날개로 날고, 인간의 사유는 감성만으로도, 이성만으로도 완전해질 수 없습니다. 그 둘은 서로 조화롭게 서로 부족함을 메워야 합니다. 그런 맥락에서 답만으로는 부족합니다. 질문이 필요합니다. 그리고 그 질문과 답에서 멈춰서도 안 됩니다. 끊임없이 다시 질문해야 합니다. 우리가 딛고 서 있는 자리, 그 현실의 좌표에서 나와 너를 그리고 우리를 구체적인 시공간 속에서 다시 생각하고, 재구성해야 합니다. 그런 끊임 없는 질문과 모색이 없다면, 우리가 외운 답은 언젠가 무의미하게 신기루처럼 사라져 버릴 것입니다.

학교에 다니는 청소년 대부분은 자신이 처해 있는 상황과 조건 속에서 질문을 구상하고, 스스로 고민하기보다는 어른, 선생님이 만든 문제를 풀기에 여념이 없습니다. 물론 그 문제 대부분은 우리 학생이 얼마나 성실하게 학습했는지를 판단하는 효과적인 기준 가운데 하나일 것으로 저는 생각합니다. 하지만 그 문제에 관해 다시 질문하는 법을 배울 때가 왔습니다. 우리는 답하는 훈련을 하는 동시에 그 질문에 관해 다시 질문하는 훈련을 해야 합니다.

  서설이 좀 길었죠? 이제 이 책에서 여러분과 함께 고민하고, 대화하고 싶은 주제에 관해 이야기할 차례입니다. 우선 다른 모든 것을 잊더라도 이 질문 하나는 기억해주었으면 합니다. 그 질문은 이렇습니다:

  "공익을 위한 것으로 생각하지만, 그 행동이 누군가의 **명예**를 훼손하는 것이라면, 그때 여러분은 어떻게 하겠습니까?"

  이 책에서 다루는 소재는 명예훼손입니다. 저는 명예훼손과 관련한 몇 가지 중요한 질문을 여러분에게 던질 예정입니다. 그리고 우선은 그 질문에 관한 권위 있고, 합리적인 정답을 제시할 생각 합니다. 그것은 상식과 교양으로 마땅히 익혀야 하는 지식입니다. 되도록 암기하고, 또 충분히 이해해야 합니다. 하지만 제가 전하는 정답을 여러분이 그저 요약정리 노트처럼 암기하는 것을 원하지 않습니다. 저는 오히려 여러분이 직접 생각하고, 고민해 스스로 자신만의 답을 써나갈 수 있도록 돕고 싶습니다. 무엇보다 여러분이 제가 제시한 질문에 다시 한번 각자의 상황에 맞춰 다시 질문할 수 있게 된다면 더할 나위 없이 좋겠습니다.

  그리고 하나만 더 기억해주십시오. 가장 중요한 질문은 항상 경계에 존재한다는 사실을 말입니다. 역사를 움직인 질문은 흑과 백이라는 세계의 어느 한 편에 속한 적이 없습니다. 가령, 코페르니쿠스의 질문은 어떻습니까? "정말 태양이 지구를 도는 걸까? 오히려 지구가 태양을 도는 건 아닐까?" 또,

다윈의 질문은 어떻습니까? "인간의 생물학적 기원은 무엇일까?"

위대한 질문은 위대한 답을 잉태하는 것이기도 합니다. 그 질문과 답을 위한 모색은 그동안 존재했던 케케묵은 관습과 화석화된 지식을 깨뜨리고 인식론적 전환, 파괴적 창조를 인류에게 선물합니다.

우리는 '답정너'의 질문이 아니라 치열하게 현실 속에서 그 답을 모색하고 있는 질문에 더 많은 우리의 열정을 바쳐야 합니다. 나침반의 비유는 이럴 때 적절할 것 같습니다. 우리가 향해야 할 방향을 일러주는 나침반, 그 나침반은 정지된 채로 방향을 가리키는 일이 없습니다. 항상 자신을 의심하면서 몸을 부르르 떱니다. 마치 근심하는 것처럼 자기 몸을 떨며 방향을 가리킵니다. 그렇게 진심으로 온 존재를 다 받치지 않으면 우리는 제대로 된 방향을 가리킬 수 없습니다.

조금만 더 들어가 봅시다. 명예훼손이 벌어지는 상황은 무엇보다 기본권인 인격권(혹은 사생활 보호)과 역시 기본권인 **표현의 자유**(언론의 자유)가 서로 충돌하는 상황일 가능성이 큽니다. 그래서 누가 보더라도 인격권을 좀 더 보호해야 마땅한 상황이거나 혹은 반대로 표현의 자유를 지켜야 하는 상황이라면 오히려 별로 고민할 필요가 없습니다. 그런 것은 암기해서 지식의 벽돌로 차곡차곡 쌓아놓으면 그만입니다. 하지만 이 책에서 우리가 고민해야 할 명예훼손은 단단하고 고정된 지식이 아니라 누군가의 인격권과 우리 사회의 공익이 충돌하는 치열한 전투이자 전쟁입니다.

보는 태도에 따라 그 구체적인 상황과 조건에 따라 세상은 달리 보입니다. 내가 명예훼손의 피해자라고 생각하면 내 인격권은 더없이 소중하고, 내가 공익을 위해 누군가의 명예를 훼손할 수밖에 없다고 믿는다면 표현의 자유는 불가침한 권리로 여겨집니다. 그래서 같은 사안에 관해서도 인격권을 더 두텁게 보호해야 한다고 판단할 수 있고, 그 정반대로 표현의 자유를 더 확실하게 보장해야 한다고 믿을 수 있습니다. 거듭해서 말씀드립니다. 우리는 명확한 선악의 문제, 명료한 흑백의 세계를 이야기하기 위해 여기에 있는 것이 아닙니다. 오히려 그 반대입니다.

우리가 들어가려는 세계는 회색이고, 그 회색의 공간에서 우리가 고민해야 하는 문제는 항상 경계에 자리합니다. 그래서 우리는 좀 더 신중하고, 다양한 각도에서 문제를 바라봐야 합니다. 그 상황을 다양한 관점에서 입체적으로 분석할 수 있어야 합니다. 그리고 그렇게 도출된 답에 만족하지 않고, 계속해서 질문을 던질 수 있어야 합니다.

제가 명예훼손에 관해 중요하다고 생각하는 질문은 다섯 개입니다.

1. 명예훼손이란 무엇인가?

우선 명예훼손이 무엇인지 살펴볼 필요가 있습니다. 어제의 명예훼손이 오늘의 명예훼손은 아니고, 거기의 명예훼손이 여기의 명예훼손도 아닙니다. 어떤 용어를 정의한다는 것은 가장 간단하고, 쉬워 보이는 일이지만, 실은 가장 어렵고, 복잡한 일입니다. 하지만 그것은 가장 기본적인 일이면서 또 동시에 가장 중요한 일입니다.

어떤 사물, 어떤 행위, 어떤 현상에 관한 정의는 시대에 따라 변하고, 또 공간에 따라 변합니다. 어느 날은 사라졌다가 다시 생겨나기도 합니다. 무엇인가에 관하여 그 개념과 의미를 정의하는 일은 우리가 무엇인가를 배울 때 가장 먼저 하는 일이지만, 최후까지 고민해야 하는 일이기도 합니다. 거듭 말씀드리지만, 정의는 언제나 가장 중요한 것에 속합니다.

2. 사실을 말했는데도 명예훼손이라고?

두 번째로 이야기하고 싶은 쟁점은 **사실적시** 명예훼손(사실을 이야기함으로써 명예를 훼손하는 것)의 문제입니다. 왜 사실을 말했는데 명예훼손이라고 할까요? 우리나라 형법은 진실한 사실을 이야기해도 명예훼손이 성립된다고 규정합니다. 왜 이런 규정을 마련했을까요? 이 규정은 합리적인가요? 사실을 말했는데 처벌될 수 있다면 처벌받는 사람은 너무 억울하지 않을까요?

앞서 말했지만, 가장 치열한 전투는 언제나 경계를 두고 벌어집니다. 허위사실 명예훼손(허위의 사실을 통해 명예를 훼손하는 것)이 전쟁터와 멀리 떨어진 평화로운 후방에 존재한다면, 사실적시 명예훼손은 그야말로 총알이 날아다니는 전쟁터의 앞자리, 최전선에 있습니다. 그래서 허위사실 명예훼손의 문제보다는 사실적시 명예훼손의 문제가 우리가 더 근심해야 할 가장 큰 고민거리입니다.

3. 판결을 통해 본 명예훼손

세 번째 장에서 좀 더 구체적인 현실 사례들을 통해 명예훼손의 문제를 다룰 것입니다. 여러분이 그저 책에서 읽은 정의가 아니라 그 정의의 각 요소(요건)가 살아 숨 쉬는 현실에서는 어떻게 다시 해석되고, 또 적용되는지를 구체적이고, 다양한 사례를 통해 재구성할 수 있어야 우리가 책을 통해 읽은 정의는 비로소 진정으로 그 생명력을 얻을 것입니다.

특히 누구나 현실에서 직접 겪을 수 있는 일, 그리고 실제로 재판을 통해 판결된 주요 사례를 중심으로 명예훼손의 실체에 접근해 볼 생각입니다. 다시 강조하지만, 어떤 용어의 정의나 그 요건만을 암기하는 것은 아무런 소용이 없습니다. 정의(의의)는 앞서 말했듯 중요한 것이지만, 무엇보다 그 정의가 어떤 조건, 어떤 구체적인 사건을 통해서 구체적으로 그 의미가 살아나는지를 확인해야만 생명력을 얻을 수 있습니다.

4. 임시조치제도, 일명 '블라인드' 누구냐 넌?

지금 우리가 사는 시대를 어떻게 정의할 수 있을까요, 어떻게 규정할 수 있을까요? 아마도 우리 시대를 가장 확실하게 대표할 수 있는 하나의 단어, 하나의 표현을 뽑아야 한다면, 그것은 '디지털'일 겁니다. 우리는 디지털 시대에 살고 있습니다.

디지털 혁명을 가져온 건 무엇보다 컴퓨터 혁명입니다. 그리고 또 하나, 그 컴퓨터 단말기에 담긴 정보를 전 세계적인 규모로 묶은 인터넷 혁명입니다 (여기서 인터넷은 정확히는 팀 버너스-리에 의해 1989년 무렵 제안한 '월드 와이드 웹'을 의미합니다). 전 세계 수많은 컴퓨터 정보가 인터넷이라는 광대한 네트워크에서 서로 일정한 약속(규약)으로 서로 연결되고 서로의 정보를 전달하는 게 가능해졌습니다. 그렇게 혁명은 눈부신 속도로 진행됐습니다.

그렇다면 디지털 문명, 인터넷 문명의 가장 기본적인 기술은 뭘까요? 그것을 한마디로 말하면, 정보의 무제한에 가까운 복제와 전송이라고 말할 수 있을 겁니다. 인터넷 공간에 있는 어떤 정보도 키보드에 있는 버튼 몇 개(Ctrl

C, Ctrl V) 두드리면, 한순간에 복사돼 재현되고, 전파됩니다. 그 복사와 전파의 속도는 그야말로 찰나입니다. 그런데 그렇게 복사되어 전파된 정보가 누군가의 명예를 훼손하는 정보라면? 그래서 미처 손쓸 겨를도 없이 퍼져나간다면?

그런 상황을 예정해서 도입한 제도가 바로 임시조치입니다. 우선 순식간에 퍼져나갈 피해(명예훼손)를 막고 보자는 거죠. 온라인 가처분이라고 의역할 수 있는 이 임시조치는 우리가 흔히 포털이라고 부르는 인터넷 기업이 오래전부터 도입하여 시행하고 있습니다. 임시조치는 무엇인지, 이것은 명예훼손과 어떤 관련이 있는지, 임시조치는 실제로 그 제도의 취지를 제대로 실현하고 있는지, 그리고 끝으로 현재의 임시조치는 과연 정당한 토대 위에 있는지 찬찬히 살펴볼 예정입니다.

5. 지금/여기에서

명예훼손의 문제는 선과 악의 대결이 아닙니다. 모든 질문은 아주 구체적인 조건과 상황 속에서, 그러니 '지금/여기에서' 다시 한번 더 고민되지 않으면 안 됩니다. 어떤 상황, 어떤 조건에서도 통용되는 질문이나 답은 없습니다. 지금/대한민국을 살아가는 여러분은 그 구체적인 시공간 속에서 다시 질문하고, 다시 답해야 합니다.

거듭 말하거니와 명예훼손의 문제는 기본권인 인격권과 동시에 또 다른 기본권인 표현의 자유 문제와 깊이 관련 있는 문제이기도 합니다. 여러분이 국민의 뜻을 대표하고, 대한민국이라는 공동체의 미래를 위해 제도를 마련해야 하는 국회의원이라면, 현재의 명예훼손 법을 바꾸겠습니까, 아니면 그

대로 두겠습니까? 바꾼다면 어떻게 바꾸시겠습니까?

제가 여러분에게 전하고 싶은 마지막 당부는 정답에 만족하는 정착민이 아니라 늘 새로운 질문과 답을 찾아 떠나는 지적 유목민이 되어달라는 것입니다.

이제 여러분을 위해 준비한 회색지대로 함께 들어가 봅시다.

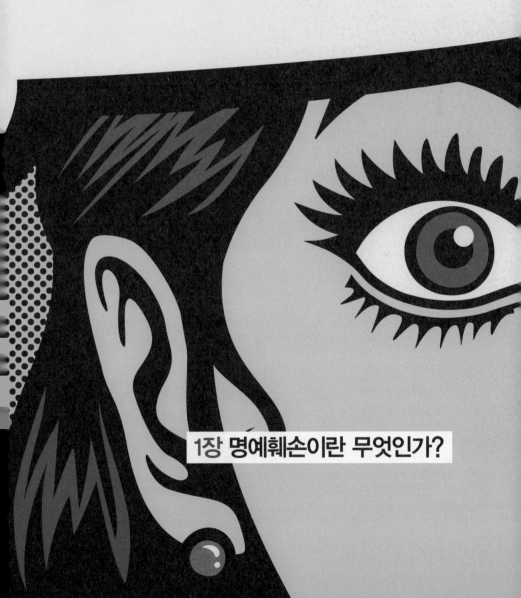

명예훼손!

1장 명예훼손이란 무엇인가?

인간이 느끼는 가장 큰 고통이 있습니다. 아이를 낳으며 겪

는 어머니로서의 고통입니다. 여기 그 고통을 겪은
한 초보 엄마의 이야기가 있습니다. 한 산모가 아기를 낳았습니다.

지친 몸을 회복하기 위해 산모는 A가 운영하는 산후조리원에 들어갔습니다. 하지만 A의 산후조리원은 산모 마음에 들지 않았습니다. 산모는 자신이 조리원을 실제로 이용하면서 겪은 일과 이에 관한 자신의 생각(평가)을 글로 작성했습니다. 산모는 글을 통해 산후조리원을 비판하고 부정적으로 묘사했습니다. 산모는 그 글을 유명 인터넷 커뮤니티 게시판과 자신의 블로그에 올렸습니다.

글에는 "A의 막장 대응" 등과 같은 주관적이고, 과장된 표현도 포함됐습니다. 하지만 대체로 그 산모가 쓴 체험담은 객관적인 사실에 부합하는 내용이었습니다. 하지만 A는 그 산모를 명예훼손[1] 혐의로 **고소**했습니다.

산모는 명예훼손의 죄일까요, 아니면 무죄일까요? 법원은 어떻게 판단했을까요?

---

[1] 정보통신망 이용촉진 및 정보보호 등에 관한 법률 제70조 제1항 위반, 이른바 인터넷 명예훼손, 온라인 명예훼손, 사이버 명예훼손 등으로 불리는 범죄

위에 요약한 산후조리원 사건의 내용은 대법원판결 요지를 그 표현만 일부 수정해서 그대로 재구성한 것입니다. 판결 요지이기 때문에 사실관계를 모두 세세하게 담고 있진 않지만, 명예훼손의 개념과 핵심 쟁점을 이 이야기를 통해 모두 살펴볼 수 있다고 해도 과언은 아닙니다. 산후조리원 사건은 **원심**(고등법원)과 상고심(대법원)의 판단이 서로 다른 사건이기도 합니다. 그래서 더 중요한 사건입니다. 거듭 강조하지만, 가장 중요한 문제는 흑과 백의 어느 한쪽이 아니라 그 경계에 있습니다. 우선 산후조리원 사건을 통해 명예훼손의 정의(의의)와 그 조건(요건)을 살펴봅시다.

질문 1. 산후조리원 사건에서 피해받은 명예의 내용은 무엇인가요? 그리고 누구의 명예인가요?

산후조리원을 운영하는 A는 산후조리원에 관한 사회적인 평가(외적 평가)가 저하되었음을 이유로 산모(피고인: **형사소송**에서 검사에 의해 형사 책임을 져야 할 자로 공소 제기 받은 사람. 참고로 **민사소송**에서는 피고, 형사소송에서는 피고인이라고 구별해서 부름)가 **명예**를 훼손했다고 고소했습니다. 여기서 A가 고소를 할 수 있었던 근거는 무엇일까요? 그것은 피해받은 명예입니다. 그렇다면 피해받은 명예의 내용은 무엇입니까? 산후조리원에 관한 사회적 평가입니다(참조: 세 가지 명예). 즉, 산모가 인터넷 커뮤니티와 자신의 블로그에 올린 글로 인해 A가 운영하는 산후조리원에 관한 대외적 평가가 저하되었고, 그로 인해 A 자신이 피해를 보았다는 것이죠. 산모의 글을 읽은 사람이라면 A가 운영하는 산후조리원에 관해 부정적으로 생각할 테니까요.

하지만 산후조리원은 사람(자연인)이 아닙니다. 산후조리원에도 명예가 있을까요? 네, 있습니다. 사람(자연인)은 물론이고, 회사나 단체(법인)도 명예가 있습니다. 법률적으로 법인도 명예의 주체가 될 수 있습니다. 하지만 산후조리원이 스스로 산모를 고소할 수 없으므로 산후조리원을 운영하는 A가 산모를 고소한 것입니다.

집중탐구 *세 가지 명예*

형법학자들은 명예의 내용을 세 가지로 나눠서 이야기합니다. 우리 법 제도(형법)가 보호하는 명예라는 게 무엇인지를 살펴보기 위해서는 아래 세 가지 명예에 관해 간단히 살펴볼 필요가 있습니다.

우선, 내적 명예입니다. 내적 명예는 말 그대로 어떤 인간이 스스로 마음속에 품고 있는 명예입니다. 인간으로서의 존엄, 양심, 자기 정체성 등이 그 내적 명예의 내용입니다. 이것은 누가 훼손할 수도 없고 망가뜨릴 수도 없습니다. 왜냐하면, 그건 마음속에 있는 자신만의 궁전 같은 것이니까요. 이 내적 명예는 한 인간의 마음속 깊은 곳에 자리해 자기 자신만 확인할 수 있는 존엄의 징표 같은 것입니다. 그것은 성질상 외부로 표출되지 않기에 누구도 그것을 침해할 수 없습니다.

또 하나의 명예는 명예 감정이라는 것입니다. 명예 감정은 말 그대로 어떤 사람이 주관적으로 느끼는 자신의 명예에 관한 감정입니다. 우리 형법이 이 감정을 보호할까요? 이 감정이 공격당하면, 그러니까 어떤 사람이 자신의 명예 감정에 상처를 입었다고 느낀다면, 그때 우리는 명예가 훼손됐다고 말할 수 있을까요? 대다수 학자는 이를 부정합니다. 명예 감정은 말 그대로 주관적이니까요. 그때그때, 사람마다, 상황마다 다른 감정을 법 제도가 보호하기는 어렵습니다. 더불어 무엇보다 어떤 법 제도가 개인의 주관적인 감정에 휘둘린다면 법적 안정성이 지나치게 흔들리겠죠?

마지막으로 살펴본 명예의 내용으로 외적 명예가 있습니다. 외적 명예란 무엇일까요? 그것을 비유해서 말하자면, 인격을 보호하는 집입니다. 명예가 보호하는 것은 인격입니다. 그래서 명예를 보호한다는 것은 곧, 한 인간의 인격을 보호한다는 것입니다. 그런데 외부의 침입으로부터 우리를 보호하는 가장 기본적인 물리적인 공간은 무엇입니까? 그것은 집입니다. 다시 비유하면, 집이 보호하는 가족이 인간의 인격이라고 말할 수 있다면, 가족을 보호하는 물리적인 건물로서의 외피, 집은 명예라고 할 수 있습니다. 그래서 명예란 한 인간의 인격(가족)을 보호하는 건축물(집)이라고 할 수 있습니다. 그것은 외적인 형태를 가지는 거죠.

그래서 우리가 명예가 훼손되었다고 할 때 문제가 되는 명예는 이 외적 명예를 의미합니다. 그렇다면 외적 명예는 무엇일까요? 그것은 달리 말하면, 어떤 사람(단체)의 사회적 가치에 관한 평가를 의미합니다. 그러니 명예훼손 제도는 내 양심(내적 명예)을 보호하는 것도 아니고, 내 주관적인 감정(명예 감정)을 보호하는 것도 아니며, 어떤 사람(단체)의 사회적 평가 혹은 평판을 보호합니다.

그래서 명예훼손에서 명예는 외적 명예이고, 명예훼손을 좀 더 풀어서 설명하면, 어떤 사람(혹은 어떤 단체)의 사회적인 평가를 저해하는 행위라고 할 수 있습니다.

질문 2. 산모의 행위 중에서 명예훼손 행위는 무엇인가요?

산모의 행위는 크게 세 가지로 나눠서 살펴볼 수 있습니다. 첫째, 산모는 A 산후조리원(대상 특정)의 사회적 가치(외적 평가)를 저해하는 자신의 체험담과 평가를 글로 작성했습니다(사실의 적시). 둘째, 산모는 그 글을 온라인 커뮤니티와 자신의 블로그에 올렸습니다(공연성). 셋째, 산모는 자신의 행위가

A 산후조리원의 사회적인 평가를 저해할 수 있다는 사실을 알고 있었습니다(고의).

위 사례를 다시 정리하면, 명예훼손을 구성하는 조건은 크게 다음 세 가지입니다. 한 번 더 복습해봅시다.

우선, 명예훼손 행위는 누구인지 구체적으로 특정할 수 있는 대상을 정하여, 그 사회적인 평가를 저해하는 행위를 하는 것입니다. 이를 법률적으로는 '사실적시'라고 표현합니다. 그때 사실은 허위의 사실이든 진실한 사실이든 상관없습니다(참조: 307조 1항, 2항의 차이). 하지만 그 사실은 구체적이어야 하고, 추상적인 욕설 따위는 명예훼손에서 규율하는 사실의 적시에 해당하지 않습니다.

둘, 불특정 또는 다수인이 그 적시된 사실을 접할 수 있도록 해야 합니다. 이를 공연성이라고 합니다. 만약 위 사례에서 산모가 자신의 쓴 글을 유명 커뮤니티나 자신의 블로그에 올리지 않았다면 어땠을까요? 그러니까 가령 자신의 남편에게만 이야기했다면? 자신의 가족만으로 구성된 카카오톡에서 공유했다면? 그랬다면 법원은 공연성을 인정하지 않았을 겁니다(참조: 전파성 이론).

셋, 끝으로 모든 범죄에서 원칙적으로 요구하는 조건, 고의가 있어야 합니다. 여기서 고의의 내용은 내 행위가 누군가의 명예를 훼손한다는 사실에 대한 인식을 말합니다. 그 인식은 명확한 확신을 의미하는 것은 아니고, "내가 한 일로 누군가의 명예가 훼손될 수도 있겠네" 정도의 **미필적 고의**로 족합니다.

알아두기

사실적시 명예훼손(1항)과 허위사실 명예훼손(2항)

우리 형법은 명예훼손을 제307조에서 규정합니다.

1. 공연히 사실을 적시하여 사람의 명예를 훼손한 자는 2년 이하의 징역이나 금고 또는 500만 원 이하의 벌금에 처한다.
2. 공연히 허위의 사실을 적시하여 사람의 명예를 훼손한 자는 5년 이하의 징역, 10년 이하의 자격정지 또는 1천만 원 이하의 벌금에 처한다.

제1항을 편의상 사실적시 명예훼손이라고 부르고, 제2항을 허위사실 명예훼손이라고 구별합시다. 사실적시 명예훼손보다 허위사실 명예훼손이 더 큰 죄(더 큰 불법)인 것은 쉽게 이해할 수 있을 겁니다. 왜냐하면, 제1항은 사실을 공연히 적시해서 명예를 훼손한 것이고, 제2항은 허위사실을 공연히 적시해서 명예를 훼손한 경우입니다. 즉, 행위의 내용에서 불법이 커지는 경우라고 할 수 있습니다.

그런데 정말 중요한 질문은 제1항과 제2항의 차이가 무엇인지가 아니라 왜 진실한 사실을 이야기했음에도 그 행위를 처벌할 수 있도록 형법에 규정했느냐는 것입니다. 이에 관해선 제2장에서 자세히 살펴보겠습니다. 일단 여기에선 두 가지 모두 처벌할 수 있다는 정도만 숙지하면 족합니다.

질문 3. 법원은 산후조리원 사건을 어떻게 판단했나요?

원심(고등법원, 2심)은 산모의 행위가 명예훼손에 해당한다고 판단했습니다. 하지만 상고심(대법원, 3심)은 산모의 행위를 명예훼손에 해당하지 않는다고 판단했습니다. 여기서 간단히 확인하고 넘어가면 좋을 법률 상식이 하나 있습니다. 우리나라 법원은 3심제를 원칙으로 합니다. 그런데 1

심과 2심은 사실심이라고 해서 구체적인 사실관계를 따집니다. 하지만 대법원에서 진행하는 3심은 법률심입니다. 사건의 구체적인 사실관계를 따지는 것이 아니라 원심(2심)의 법률 해석과 그 적용, 즉 법리에 문제가 있지 않은지만 판단합니다.

왜 대법원은 원심과 다르게 산모의 행위를 명예훼손이라고 판단하지 않았을까요? 대법원은 이렇게 말합니다:

"피고인이 게시한 글의 공표 상대방은 인터넷 카페 회원이나 산후조리원 정보를 검색하는 인터넷 사용자에 한정되고 그렇지 않은 인터넷 사용자에게 무분별하게 노출되는 것이라고 보기 어려운 점 등의 제반 사정에 비추어 볼 때, 피고인이 적시한 사실은 산후조리원에 대한 정보를 구하고자 하는 임산부의 의사결정에 도움이 되는 정보 및 의견 제공이라는 공공의 이익에 관한 것이라고 봄이 타당하다. 따라서 피고인의 주요한 동기나 목적이 공공의 이익을 위한 것이라면 부수적으로 산후조리원 이용대금 환급과 같은 다른 사익적 목적이나 동기가 내포되어 있다는 사정만으로 피고인에게 A를 비방할 목적이 있었다고 보기 어렵다."

여기에서 가장 중요한 구절은 무엇일까요? 네, 그렇습니다. '공공의 이익에 관한 것'입니다. 대법원은 산모의 행위가 A 산후조리원의 사회적 평가를 저해한다는 원심의 판단에는 별다른 이의를 제기하지 않습니다. 하지만 그 행위가 산후조리원 정보를 구하고자 하는 (다른) 임신부의 의사결정에 도움이 되는 정보 및 의견 제공이기 때문에 공공의 이익에 관한 것으로 판단합니다. 그리고 그 행위가 공공의 이익에 관한 것이라면, 그 행위에 환급과 같은 사익적 목적이나 동기가 내포돼 있더라도 A 산후조리원을 비방할 목적임을 인정하기 어렵고, 그런즉 산모의 행위는 결과적으로 무죄라고 판단한 것입니다.

공공의 이익을 위한
산후조리원 사용자 후기는
불법이 아닙니다.

다소 어렵게 느낄 독자가 있을지 모르겠습니다. 좀 더 쉽게 이해할 수 있도록 정리해볼게요. 핵심 구절은 공공의 이익에 관한 것이라고 앞서 말했습니다. 명예훼손에 해당하는 행위를 했더라도 그것이 공공의 이익에 관한 것이라면 그 행위를 금지하거나 처벌하는 것은 공공복리의 관점에서 사회적으로 손해입니다. 그래서 우리 형법은 그런 행위를 처벌하지 않고, 그 행위의 위법성을 지워버립니다(이를 법률적으로는 **위법성 조각**이라고 표현합니다). 왜냐하면, 그런 행위까지 처벌한다면, 누구도 공공의 이익을 위해 나서지 않을 것이기 때문입니다. 산후조리원 사건에 한정해서 말하면, 산모가 자신이 처벌될 수 있다는 걸 알았다면 A 산후조리원에 대한 비판적인 평가 글을 커뮤니티나 블로그에 올렸을까요? 그런 행위를 기대하기는 쉽지 않았을 겁니다. 만약에 그랬다면, 대법원이 말하는 것처럼 다른 임산부의 의사결정에 도움이 되는 정보를 공유할 수 없겠죠.

사례탐구 **카톡 성희롱 사건: 공연성과 전파성 이론**

고등학교 남학생인 A는 2017년 4월 4일부터 같은 달 15일까지 친구와 '카톡' 메시지를 주고받았습니다. 메시지는 여학생의 신체 특징을 조롱하는 내용과 담임선생님에 대한 성희롱성 발언이 포함돼 있었습니다. 그런데 A 군이 해당 메시지를 피해 여학생에게 전송하면서 같은 반 다른 학생 대부분도 알게 됐죠. 이에 학교는 A 군에게 학교폭력예방법에 따라 징계했습니다(출석정지 10일, 학급 교체, 특별교육 5시간 이수, 사회봉사 5일).

A 군은 학교의 징계가 부당하면서 행정소송을 제기했습니다. "친구와 단둘만 있는 카카오톡 대화방에서 나눈 이야기이기 때문에 공연성이 없어 징계는 위법하다"는 주장이었죠. 하지만 법원은 "당시 대화 내용은 둘의 휴대전화에 그대로 남겨져 언제든지 제삼자에게 전파될 수 있는 상태였다"라면서 처분이 정당하다고 판결했습니다(참고 기사: 연합뉴스, 담임교사 성희롱한 고교생 출석정지 10일…"징계 합법", 2018. 12. 17.).

이처럼 우리나라 법원은 '공연성' 요건을 판단하면서 전파 가능성을 살펴봅니다. 그래서 비록 친구와 단둘만 있는 일대일 카톡을 주고받았다고 하더라도 그 대화의 상대방이 해당 내용을 전파할 가능성이 있다고 판단하면 공연성을 인정합니다. 이를 전파성 이론이라고 하는데요. 그래서 단둘만의 대화라고 하더라도 그 대화의 비밀이 보장될 수 있는 관계가 아니라면 공연성은 인정됩니다. 법원이 공연성과 관련해 전파성을 인정하거나 인정하지 않은 사례를 정리하면 다음과 같습니다.

전파 가능성이 없다고 판단해 법원이 공연성을 부정한 사례
- 피해자와 그의 남편 앞에서만
- 가족 앞에서만
- 외부에 알려지지 않도록 감추면서 집안 관계인 사람들에게만
- 피해자가 근무하는 학교의 학교법인 이사장 앞으로 진정서 제출
- 이혼소송 중인 처가 남편 친구에게 남편 명예를 훼손하는 문구가 있는 편지를 동봉
- 기자를 통해 사실을 적시하는 때에는 이를 기사화해야만 공연성을 인정하고, 기사화되지 않은 때에는 전파 가능성이 없다고 하여 공연성을 인정하지 않습니다. (이상 사례는 이재상 저, 형법 각론, 박영사: 2004, 제5판에서 발췌하여 재인용)

하지만 우리나라 법원이 인정하는 전파성 이론에 대해서 다수 학자가 명예훼손죄의 성립 여부가 그 행위의 주체가 아닌 명예훼손 사실적시를 접하는 상대방에 의해 좌우된다는 점을 들어 반대합니다. 형법학계 다수설은 공연성이란 불특정 또는 다수인이 직접 인식할 수 있는 상태라고 봅니다.

이제 명예훼손이 무엇인지, 어떤 조건에서 명예훼손이 성립하고, 어떤 경우에는 인정하지 않는지 조금 이해가 되나요? 지금까지 산후조리원 사건을 통해 명예훼손이 성립하는 조건을 하나하나 살펴봤습니다. 이 모든 퍼즐 조각을 맞추면 비로소 명예훼손이라는 전체 그림이 완성됩니다. 그것이 명예훼손

의 정의가 되는 셈이죠. 그렇다면 이제 여러분이 스스로 명예훼손이란 무엇인가에 관해 구체적인 개념을 떠올릴 수 있어야 합니다. 떠오르나요?

다소 어렵게 느껴지는 법률 용어가 아니라 좀 더 쉬운 말로 명예훼손을 정의해보겠습니다. 명예훼손은 어떤 사람이 어떤 특정한 사람이나 단체나 회사의 사회적인 평가를 저해하는 행위입니다. 그 행위는 진실이든 거짓이든 상관없습니다. 하지만 그 행위는 널리 다수에게 전해질 수 있는 상태이어야 합니다. 그래서 단둘만 있는 카톡 대화방의 대화라고 하더라도 그 대화가 널리 퍼질 가능성이 예상된다면 명예훼손 행위로서 인정됩니다. 하지만 그 행위가 공공의 이익에 관한 것이라면 우리 형법(제310조)은 그 위법성을 지워주기도 합니다(위법성 조각).

◎ 제310조(위법성의 조각): 제307조 제1항(사실적시 명예훼손)의 행위가 진실한 사실로서 오로지 공공의 이익에 관한 때에는 처벌하지 아니한다.

이것이 지금까지 살펴본 명예훼손의 정의와 그 조건에 해당합니다. 이제 우리는 명예훼손이라는 건축물의 토대를 쌓았습니다. 이제 그 위에 건물을 올릴 차례입니다. 다음 장에서는 가장 치열한 전장인 사실적시 명예훼손의 문제를 살펴보겠습니다.

죽은 자의 명예: 사자명예훼손의 문제

2020년 4월 27일 정오가 조금은 넘은 시각, 광주지방법원 앞에는 사람들로 가득했습니다. 일군의 기자들이 검은색 차에서 내린 노인에게 마이크로 녹음기를 갖다 대며 물었습니다.

"혐의를 인정하십니까?" "발포 명령 부인합니까?"

1년 전에는 "왜 이래!" 하고 버럭 했던 그 노인은 이번에 기자들 손을 밀치고 묵묵히 법원 청사로 들어갔습니다.

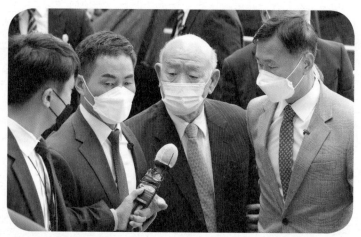

▌ 전두환 전 대통령이 2020년 4월 27일 피고인으로 광주지방법원에 출석하고자 법원 청사로 이동하면서 기자들 질문을 받고 있다.

그 노인은 1980년 5월 광주에서 일어난 5·18 민주화운동을 총칼로 짓밟은 신군부의 핵심, 전두환 전 대통령(이하 '전두환')이었습니다. 전두환은 사자명예훼손 사건의 피고인 신분으로 광주지법에 출석하던 차였죠. 전두환의 혐의는 5·18 민주화운동에서 시민의 편에서 싸웠던 고 조비오 신부의 명예를 훼손했다는 것이었습니다. 전두환은 2017년 4월 펴낸 회고록에서 5·18 당시 헬기 사격을 목격했다고 증언한 고 조비오 신부를 "성직자라는 말이 무색한 파렴치한 거짓말쟁이"라고 비난한 바 있습니다.

우리 형법은 죽은 자의 명예도 보호합니다(형법 제308조). 이를 사자명예훼손죄라고 하죠. 전두환의 사자명예훼손 사건에서 쟁점이 되는 것은 두 가지입니다. 첫째, 과연 5·18 당시에 헬기 사격이 있었는가? 둘째, "파렴치한 거짓말쟁이"라는 표현이 명예훼손 행위에 해당하는가? 특히 핵심 쟁점은 헬기 사격이 있었는지 아닌지입니다.

왜냐구요? 사자명예훼손죄가 성립하기 위해서는 허위사실로서 죽은 자의 명예를 훼손해야 하기 때문입니다. 그리고 이때의 허위는 "세부적인 내용에서 진실과 약간 차이가 나거나 다소 과장된 표현이 있는 정도에 불과하다면 이를 허위라고 볼 수 없"지만, "중요한 부분이 객관적 사실과 합치하지 않는다면 이를 허위"로 봅니다(대법원 2014. 3. 13 선고 2013도12430 판결). 나머지 요건은 307조의 명예훼손과 같습니다.

간추려 보기

- 명예훼손은 어떤 사람이 어떤 특정한 사람이나 단체나 회사의 사회적인 평가를 저해하는 행위다. 그 행위는 진실이든 거짓이든 모두 처벌한다.

- 명예훼손 행위는 널리 다수에게 전해질 수 있는 상태이어야 한다. 그래서 단둘만 있는 카톡 대화방의 대화라고 하더라도 그 대화가 널리 퍼질 가능성이 예상된다면 명예훼손 행위로서 인정된다.

- 명예훼손 행위가 공공의 이익에 관한 것이라면 우리 법은 그 위법성을 조각한다.

2장 사실을 말했는데도 명예훼손이라고?

■ 이탈리아 로마 코스메딘 산타마리아딜라 교회 입구의 벽면에 있는 강의 신 훌르비오의 얼굴을
새긴 대리석 가면이다. 중세 때부터 사람을 심문할 때 피의자의 손을 입안에 넣고 진실을 말하지
않으면 손이 잘릴 것을 서약하게 하면서 '진실의 입'이라는 이름이라 불리게 되었다. 진실을
말하더라도 심문자의 마음에 들지 않으면, 손을 자르도록 미리 명령이 내려져 있었다고도 한다.

일단 대리점을 운영하던 홍길동(가명)의 이야기를 한번 들어주세요.

"제 이름은 홍길동입니다. 저는 A 제약회사(이하 'A')와 상품공급계약을 체결하고 A로부터 제품을 공급받아 판매해 왔습니다. 그러던 어느 날 A는 거래 대리점과 충분한 상의 없이 제일제당에 그 제품의 판매권을 넘기고, 불공정한 약관을 들어 계약을 일방적으로 해지했습니다.

제가 이에 항의하면서 민원을 제기하였고, A는 저를 회유하였으나 저는 응하지 않았습니다. 하지만 저를 제외한 다른 대리점은 약점 때문에 굴복하고 말았습니다. 그 후, A 회사는 저에게 괘씸죄를 씌워 제가 담보로 제공한 재산에 강제경매를 신청했습니다.

A는 대표적인 밀실 정책의 회사입니다. 인간의 최소한의 양심과 도덕성은 하수구에 처박아 넣은 지 오래입니다. 지켜야 할 법도 저버리면서까지 같이 살아가야 하는 공생의 법칙도 어기고 있습니다. 회사의 이익을 위해서 상대방을 배려하는 모습은 어디에도 찾을 수 없습니다."

홍길동은 위 내용의 글을 국회의원과 언론사, 다른 제약회사 등 11곳의 홈페이지에 게재했습니다. 위 홍길동의 이야기에서 무엇보다 중요한 점은 홍길동의 이야기가 진실한 사실이라는 점입니다. A에 대한 의견(비판, 비방)을 제외한 사실관계는 진실한 사실입니다. 확실하냐고요? 네, 위 내용 중 큰따옴표로 표시된 내용은 모두 대법원 판결문에서 직접 인용한 내용입니다. 다만, 읽기 쉽도록 주어 등 일부 표현만 수정했죠. 즉, 법원에서 확인한 진실한 사실입니다.

이제 여러분에게 질문합니다.

"홍길동은 죄가 있습니까, 없습니까?"

저는 홍길동의 행위는 죄가 아니라고 생각합니다. 우선 홍길동은 거대 A 제약회사와 비교하면 그야말로 미약한 개인입니다. 그리고 홍길동이 적은 이야기는 진실한 사실이었죠. 한낱 개인에 불과한 홍길동이지만, A 제약회사의 요구나 회유에 응하지 않고, 자신이 겪은 부당한 일을 해결하기 위해 나섰습니다. 하지만 거대 제약회사와 싸우는 개인이 강구할 수 있는 대책이란 게 대단한 게 없습니다. 홍길동은 (우리 이웃들이 억울한 일을 당하면 흔히 하듯) 자신이 경험한 일을 적어 국회의원과 언론사, 다른 제약회사 등 11곳의 홈페이지에 게재했습니다.

하지만 제약회사 사건에서 홍길동은 죄가 있습니다. 현행 명예훼손죄에 의한다면 홍길동은 유죄이죠. 홍길동의 이야기가 '진실한 사실'이라고 인정한 대법원의 이야기를 마저 들어보시죠.

"홍길동이 작성하여 게재한 글의 내용이 진실한 사실로써 A 회사의 시정되어야 할 부분이 일부 포함되어 있기는 하나, A를 비방하는 취지가 그 내용의 주조를 이루고 있는 점, 위 사건과 관련된 자뿐만 아니라 불특정 다수인이 볼 수 있는 정치인이나 언론사 또는 위 A 회사와 경쟁 관계에 있는 다른 제약회사의 홈페이지에 게재한 점 등에 비추어 볼 때, 홍길동이 위와 같은 내용의 글을 게재한 것이 형법 제310조의 오로지 공공의 이익에 관한 때에 해당한다고 할 수는 없다."-즉, 원심의 판단은 정당하고, 홍길동은 유죄라는 취지.

여러분이 제약회사 사건 속 홍길동이라면 어떻게 하겠습니까? 홍길동은 정말 형법으로 국가가 벌줘야 하는 죄인입니까, 범죄자입니까? 우리나라 형법에 따르면 그리고 대법원은 홍길동의 행위가 A 제약회사의 명예를 훼손해 유죄라고 합니다. 정말 그렇습니까?

사실 이런 홍길동은 세상에 흔합니다.

◎ **단체교섭**에 성실히 임하지 않는 업주를 **고발**하는 피켓 시위를
한 노동자
◎ 건물주의 **갑질**을 고발하는 글을 쓴 세입자
◎ 국립대 교수의 연구실 제자 성추행 사건을 고발한 한 여성단체
(대법원, 2005. 4. 29. 선고 2003도2137 판결. 이 사례는 원심(2심)에서는 유죄를 받고, 상고심(대법원)에서 무죄로 판결된 경우)

이들, 또 다른 홍길동 들은 명예훼손죄에 관해 유죄를 판결받았습니다. 대법원에 가서 판결이 뒤집혀 무죄로 판단된 예도 있긴 하지만, 그 과정이 쉽지 않았을 것은 굳이 묻지 않아도 뻔한 노릇입니다. 그래서 여러분에게 질문하고 싶습니다.

여러분이 억울한 일을 당했다면, 위 사례에서 설명한 홍길동이 처한 상황을, 그런 일은 없어야겠습니다만, 여러분이 겪는다면, 여러분은 어떻게 하겠습니까? 홍길동처럼 싸우겠습니까? 홍길동처럼 부당함을 외치겠습니까? 아니면, 그냥 '침묵은 금'이라 자위하면서 입을 다물겠습니까?

현행 사실적시 명예훼손에 관한 형사 제도는 침묵하라고 웅변합니다. 부당한 일을 당해도 침묵은 금이라고 가르칩니다. 현행 제도는 미약한 약자를 보호하기는커녕 진실한 사실이라고 하더라도, 누군가를 비판하고 비방하는 행위가 위법하지 않으려면 오로지 공공의 이익에 관한 때일 것을 요구합니다. 그래야 위법성을 제거해주겠다고 합니다.

명예훼손과 표현의 자유 문제를 누구보다 깊이 고민하는 손지원 변호사(오픈넷)에게 물었습니다. 손 변호사는 이렇게 답합니다.

"현행 제도는 공익성이 인정될 수 있는 표현 행위도 명예훼손죄로 처벌될 가능성을 배제할 수 없으므로 표현의 자유는 사전에 크게 경직되고, 위축될 수밖에 없습니다."

진실한 사실의 적시로 인한 명예훼손 행위의 경우 부수적으로라도 공공의 이익에 관한 때에는 처벌하지 않도록 하는 내용의 법률 개정안이 현재 국회에 계류 중입니다. "진실한 사실로서 부수적으로라도 공공의 이익에 관한 때에는 처벌하지 아니한다."라는 규정을 법률에 신설하는 것을 개정의 핵심 내용으로 합니다. 손 변호사의 이야기를 좀 더 들어보죠.

"본래 공공의 이익이란 개념은 추상적이고 불명확하여 형사처벌 여부나 표현의 허용 여부를 결정할 수 있는 기준으로 삼기 부적절합니다. 현행법과 판례에 따르면 오로지 또는 주요한 목적이 공공의 이익을 위한 것으로 판단되어야 죄가 성립되지 않습니다. 그런데 이처럼 행위자의 주관적 의도와 그 비중을 판단하는 것은 더욱 추상적인 작업입니다. 사실적시 명예훼손죄가 진실한 사실의 발설을 막음으로써 보호하고자 하는 개인의 명예는 진정한 명예라기보다 결국 진실에 기반을 두지 않은 허명 혹은 위선으로서 보호 가치가 상대적으로 낮습니다. 이러한 허명을 보호하기 위해 진실한 사실을 적시한 사람을 처벌하는 것은 헌법상 과잉금지원칙을 위배하기 때문에 폐지해야 한다는 논의가 활발히 이루어지고 있습니다. 세계적으로도 명예훼손죄는 폐지 추세고, 특히 유엔자유권규약위원회(2015)와 유엔 표현의 자유 특별보고관(2011)도 대한민국 정부에 사실적시 명예훼손죄의 폐지를 정식으로 권고한 바 있습니다."

손 변호사의 지적에 동의합니다. 사실적시 명예훼손죄의 위헌성을 감소시키고, 표현의 자유를 좀 더 두텁게 보장하기 위해선 진실한 사실로 인한 명예훼손 행위의 경우에 그 행위가 '오로지' 공공의 이익을 위한 것이 아니라 '부수적으로'나마 공공의 이익을 위한 것이라도 하더라도 그 행위를 처벌해서는 안 된다고 생각합니다.

앞서 홍길동의 이야기도 하고, 손지원 변호사의 답변도 옮겼습니다만, 제가 직접 겪은 명예훼손의 추억 하나도 더해볼까 싶습니다. 2010년 7월의 어느 날이었습니다. 원주경찰서에서 전화가 왔습니다. 전화기 속 경찰관은 친절한 목소리로 "○○○님이시죠? 원주경찰서인데요." 그 순간을 겪은 사람이라면, 아무리 담대한 분이라도 순간 눈앞이 아찔해집니다. 내용인즉슨, 상지학원 정상화 추진위원회로부터 제가 상지대학교 전 이사장 ×××씨의 명예를 훼손했다는 고발이 있었고, 이에 저를 조사해달라는 요청을 받았다고 경찰관은 설명했습니다.

당시는 상지대학교 학생과 교수, 교직원 다수와 ××× 전 이사장의 복귀를 지지하는 상지학원 정상화추진위원회 사이에 그야말로 기나긴 싸움이 진행 중이었습니다. 적지 않은 언론이 이 싸움은 '사학 민주화 운동'이라고 불렀습니다. 상지대학교에는 제가 친교 하는 한 교수가 있었지만 그런 개인적인 이유가 전부가 아니었습니다.

저는 그저 시민으로서 사학이 개인의 사유재산이 되어서는 안 된다고 믿었습니다. 우리 모두의 것, 우리 사회가 지켜내고, 지역 공동체가 가꿔야 하는 우리의 것이 되길 원했습니다. 그것은 교육이라는 가치가 누구의 것이 아니듯, 그 교육철학을 실현하는 공간으로서의 학교 역시 어느 사람의 소유물이 될 수는 없다는 단순한 믿음이자 순수한 생각이었습니다.

저는 그 믿음으로 상지대학교의 싸움에 온라인에서 글을 쓰는 블로거이자 평범한 시민으로 참여했습니다. 학생들과 만나서 인터뷰하고, 싸움의 소식을 전했습니다. 상지대를 지켜내는 일에 제 부족한 역량을 보탰습니다. 그

■ 2010년 10월 26일 오전 서울 정부종합청사 후문에서 상지대 이사회에 대한 사학분쟁조정
위원회의 최종판결을 앞두고 김문기 전 이사장의 복귀에 대해 찬성하는 측(아래)과 반대하는
측(위)이 동시에 집회를 열고 있다.

리고 저는 상지대학교를 자신의 사유재산으로 생각하는 이들에 의해 고소
를 당했습니다. 그 고소를 당한 뒤에 저는 제 블로그에 "×××씨, 고소해주
셔서 영광입니다"라는 제목으로 글을 썼습니다. 경찰 조사를 받고, 몇 달이
지난 뒤에 결과를 통보받았습니다. 물론 무혐의였습니다.

저는 제가 용감했다고 생각하지는 않습니다. 하지만 어느 날 저와 같은
경찰관의 전화를 받는 분이 모두 저처럼 행동할 수 있다고 생각하지 않습니

다. 당시 상지대 학생과 교수 들은 무더기로 명예훼손 고소에 시달렸습니다. 블로그에 작은 한 줄, 트위터에 짧은 몇 개의 단어도 그들이 고소의 재료로 삼기엔 충분한 것이었습니다.

명예훼손 고소 뒤에 펼쳐지는 일은 논술이나 논쟁 같은 관념적인 일이 아닙니다. 그것은 성가시고 무섭고 심적 압박이 큰 현실입니다. 돈과 시간, 조직이라는 자원이 없다면 어느 날 무심히 걸려온 경찰관의 전화를 가볍게 무시하면서 자신의 목소리를 지키겠다고 결심할 수 있는 사람은 많지 않습니다. 저는 그런 사람들이 겁쟁이라서 그런 것으로 생각하지 않습니다. 지켜야 할 다른 것이 많은 분이 있을 수 있습니다. 아내이고, 엄마이면서 며느리인 사람도 있고, 남편이면서 아들이면서 누군가의 아버지인 사람도 있을 수 있습니다. 학생이면서 딸이면서 또 시험을 앞둔 수험생인 어떤 청년일 수 있습니다.

그런 이들에게 어느 날 명예훼손 고소장이 날아옵니다. 이들에게 표현의 자유를 위해서 싸우라고, 저처럼 "고소해주셔서 영광입니다"라고 블로그에, 트위터에, 페이스북에 쓰라고 요구할 수 있을까요? 저는 오히려 그런 요구야말로 현실에서는 아주 큰 부담이 될 수 있고, 어쩌면 그 사람에게는 폭력일지도 모릅니다.

네, 그렇습니다. 사실을 적시했고, 또 그것이 공익적이기까지 함에도 현실은 이렇습니다. 이렇게 표현의 자유는 악의적으로 명예훼손 제도의 허점을 파고드는 사람에 의해 억압되고, 위축될 수 있습니다. 그렇다면 그 허점을 조금이라도 줄이려고 노력해야 합니다. 그런 노력 중 하나가 저는 사실적시 명예훼손을 형사법에서 제외하거나 적어도 사실적시 명예훼손일 때는 공익성의 요건이 완화되어야 한다고 생각합니다.

물론 제가 가진 생각이나 판단이 정답이라고 생각하지 않습니다. 표현의 자유만을 두텁게 보장하고, 명예훼손 행위로 인해 침해되는 피해자의 인격권을 간과해야 한다는 소리가 아닙니다. 누누이 강조하지만, 명예훼손과 표현의 자유는 치열하게 충돌할 수밖에 없습니다. 명예훼손 제도가 보호하는 인격권과 표현의 자유가 보장하는 기본권은 모두 소중합니다. 그러니 현실에 발 딛고 서서 더 나은 내일을 위해 고민하고 모색하는 균형 감각이 더욱 절실합니다.

그런 균형 감각의 관점에서 보면, 현재 형사법 체계 속의 명예훼손 제도, 특히 사실적시 명예훼손은 표현의 자유를 과도하게 제한하는 부작용이 크다고 생각합니다. 위에서 말한 것처럼, 오로지 공공의 이익을 위한 행위만을 허용하는 것이 아니라 '부수적으로' 혹은 '일부'라도 공공의 이익을 위한 행위라면 그 행위를 명예훼손 제도로 막지 말고, 표현의 자유를 위해 허용하는 것이 명예훼손에 관한 저울의 균형을 맞추는 일이 될 것입니다.

그렇게 되면, 표현 행위자의 입증 부담이 완화됩니다. 공공의 이익과의 관련성을 인정받기만 하면 동기의 비중을 따지지 않고, 형사처벌의 위험에서 벗어날 수 있습니다. 공익과 관련된 사실을 말하고자 하는 사람의 표현의 자유가 더 넓게 보장됩니다. 그렇게 된다면 우리 사회는 좀 더 건강한 토론이 가능해지지 않을까요?

하지만 이것은 저의 생각일 뿐입니다. 여러분은 어떻게 생각하는지 궁금합니다.

집중탐구 명예훼손(특히 사실적시 명예훼손)을 바라보는 국내외의 시선

한국형사정책연구원의 입장

한국형사정책연구원(국책 연구기관)은 2018년 10월 사실적시 명예훼손죄를 폐지하는 것이 바람직하다는 내용의 보고서 《사실적시 명예훼손죄의 비범죄화 논의와 대안에 관한 연구》(윤해성, 김재현)를 발간했습니다(이하 '보고서'). 보고서의 연구 분석 내용, 특히 외국의 제도를 비교법적으로 고찰한 내용을 다시 요약해 정리하면 다음과 같습니다. 보고서 재인용은 '공공누리(공공저작물 자유이용허락)'의 규약을 따랐습니다.

유엔자유권규약위원회
(UNHRC, United Nations Human Rights Committee)의 입장

(a) 사실적시에 의한 명예훼손을 범죄로 처벌해서는 안 됨.

(b) 허위의 사실적시에 의한 명예훼손의 경우에도 악의(고의)가 아닌 과실에 의한 것이라면 이를 형벌로 처벌해서는 안 됨.

(c) 정부에 대한 비판 또는 의견 표명을 한 개인을 명예훼손 범죄로 처벌해서는 안 됨.

(d) 사실적시 여부를 떠나 모든 형태의 명예훼손에 대한 범죄화는 바람직하지 못함.

(e) 범죄로서 명예훼손을 허용하는 경우에도 이에 대한 처벌은 극히 중대한 사건으로만 제한되어야 하며, 그러한 경우라도 구금은 적절한 처벌이 되어서는 안 됨.

유럽평의회(Council of Europe)의 입장

2001년 이후 여러 차례에 걸쳐 회원국에 명예훼손의 비 형사 범죄화를 촉

구해 왔습니다. 이에 따라 유럽평의회 회원국은 명예훼손죄를 폐지하거나 대폭 축소했습니다. 그리고 존치할 때도 매우 제한적으로 운용하고 있다.

독일, 프랑스, 오스트리아, 스위스 등의 입장
독일에서 명예훼손죄는 적시된 사실이 진실임을 입증하지 못하거나 허위인 경우에 성립되므로 진실한 사실을 적시한 경우에는 명예훼손죄가 성립되지 않습니다. 프랑스, 오스트리아, 스위스 등도 명예훼손 처벌 규정이 있지만, 적시된 사실이 진실임을 입증하면 처벌을 면할 수 있는 규정을 두고 있습니다.

영국의 입장: 2010년 1월 명예훼손죄 폐지
폐지 당시 영국의 법무부 장관은 이렇게 말했습니다:
"선동죄와 반정부 명예훼손죄, 형법상 명예훼손죄 등은 오늘날처럼 표현의 자유가 권리가 아니었던 지나간 시대의 이해할 수 없는 범죄다."

미국의 입장
대부분 민사로 해결하고, 일부 주에서만 형사처벌 규정을 두고 있습니다. 하지만 실제 형사법으로서 명예훼손죄가 적용되는 경우는 거의 없습니다. 실제로 적용되더라도 허위사실 명예훼손 책임만 인정되고 진실한 사실을 적시한 경우에는 그 책임이 면해집니다.

일본의 입장
사실을 적시한 경우 우리보다 높은 처벌 규정을 두고 있습니다. 하지만 공공성이 인정되는 경우에 그 진실을 증명하면 처벌하지 않는 구조를 취하고 있습니다. 또한, 일본은 명예훼손죄를 **친고죄**로 규정해 피해자의 직접 고소가 필요로 합니다. 하지만 우리나라는 **반의사불벌죄**로 규정해 피해자의 고소가 없어도 제삼자가 고발할 수 있습니다.

주요 국가의 명예훼손죄에 관한 형사정책을 간략히 다시 정리하면 다음과 같습니다.

- 영국: 2010년 1월 명예훼손죄 폐지.
- 독일: 사실일 때 명예훼손 자체가 성립하지 않음.
- 프랑스, 오스트리아, 스위스 등: 사실임을 입증하면 면책됨.
- 미국: 대부분 형사가 아닌 민사적으로 해결. 형사에서도 사실임을 입증하면 면책.
- 일본: 우리보다 강하게 처벌하지만, 공공성이 있으면 위법성 조각. 그리고 반의사불벌죄가 아닌 고소권자(피해자)만 고소할 수 있는 친고죄

이상에서 살펴본 바와 같이 사실적시 명예훼손죄에 관해선 전 세계적인 흐름은 폐지론이 주류임을 부정할 수 없습니다.

간추려 보기

- 사실적시 명예훼손은 표현의 자유를 과도하게 제한하는 부작용이 크다.

- 사실적시 명예훼손의 경우 오로지 공공의 이익을 위한 행위만을 허용하는 것이 아니라 부수적으로 혹은 일부라도 공공의 이익을 위한 행위라면 표현의 자유를 위해 허용하는 것이 바람직하다.

- 전 세계적인 흐름은 사실적시 명예훼손에 관해 폐지하는 추세다.

논란의 사실적시 명예
폐지인가, 유지인가?

폐지히

〈조사 결과〉

해당 형법 조항을 폐지하고
민사상 손해배상으로 전환해야 한다

49.9% (970명)

○ 현행법을 유지해야 한다

33.23% (646명)

형사처벌을 유지하되 벌금형만
남겨야 한다

16.46% (320명)

훼손, 해답은 ~

*서울지방변호사회, 2016 / 대상: 변호사 1944명

3장 판결을 통해 본 명예훼손

▌지난 2016년 서울지방변호사회에서 소속 변호사 1,944명을 대상으로 조사한 결과 기존 법규대로 유지해야 한다는 의견은 33%에 불과했다. 16%의 변호사는 법정형을 낮추는 등 개정이 필요하다고 봤고 절반에 달하는 49%는 존속할 가치가 없다고 판단했다.

명예훼손

명예훼손은 이론적인 토론의 소재라기보다는 치열한 현실 세계의 생생한 갈등을 어떻게 합리적이고 균형감 있게 조율할 것인가라는 현실 문제입니다. 현실 세계에서 최종적으로 그 갈등을 조율하는 조정자(심판관) 역할은 법원이 담당하고 있죠. 그래서 우리 법원이 명예훼손을 둘러싼 갈등을 어떻게 조율하고, 판단하는지를 살펴보는 일은 중요합니다. 이번 장에선 우리 법원의 관점과 경향을 볼 수 있는 주요 판례들을 소개합니다(참고로 판례 선정에는 특히 명예훼손과 인터넷 그리고 소비자 분야에서 활동하는 김보라미 변호사가 조언을 주었습니다).

질문 1. 공공의 이익에 관한 판단은 왜 중요한가?

항상 질문이 중요하다고 저는 이 책에서 기회가 닿는 대로 거듭해서 강조하고 있습니다. 명예훼손에 관한 판례의 경향을 살펴보기 위해 우리가 던져야 할 첫 번째 질문은 '공공의 이익에 관한 것'이어야 한다고 생각합니다. 제2장에서 본 것처럼 우리 형법은 적시된 사실이 진실한 사실이라고 할지라도 명예훼손 성립을 인정합니다. 그런데 사실적시 명예훼손은 피해자의 인격권(명예훼손) 대 표현자의 표현의 자유(수용자의 알 권리)가 충돌하는 경우가 많습니다.

그래서 명예훼손 피해자의 인격권을 존중하면서도 표현자의 표현의 자유와 수용자의 알 권리를 함께 보장하는 균형 감각은 더욱 절실합니다. 그 균형추 역할을 하는 것이 명예훼손에 해당하는 사실적시 표현이 공공의 이익에 관한 것일 때 사실적시 명예훼손의 위법성을 지워주는 것입니다.

그런데 우리 형법은 진실한 사실을 적시한 명예훼손 행위의 위법성이 없어지려면 그 행위가 오로지 공공의 이익에 관한 때 일 것으로 요구합니다. 복습하는 기분으로, 그리고 아주 중요하기 때문에 다시 찬찬히 설명하겠습니다. 아래 형법 규정을 보십시오. 가장 중요하고, 우리가 노려봐야 할 단어는 '오로지'라는 단어입니다.

◎ 제310조(위법성의 조각): 제307조 제1항(사실적시 명예훼손)의 행위가 진실한 사실로서 오로지 공공의 이익에 관한 때에는 처벌하지 아니한다.

앞서 복습이라고 했는데요. 우리가 가장 먼저 살펴본 산후조리원 사건으로 다시 돌아가 봅시다. 산모는 주로 진실한 사실을 적시함으로써 산후조리원의 사회적 평가를 저해하는 글을 공개된 인터넷 게시판과 자신의 블로그에 올렸습니다.

산모의 목적은 두 가지로 크게 나눌 수 있습니다. 첫째, 자신이 판단하기에 서비스가 좋지 못한 산후조리원을 공개적으로 비판하는 것입니다. 이것은 당연히 다른 산모에게 또 미래의 산모에게 유익한 정보이고, 공공의 이익에 속한 정보입니다. 둘째, 서비스가 좋지 못한 산후조리원에 낸 돈을 돌려받을 목적이라는 사익도 산모의 목적 중 하나로 넉넉히 추론해볼 수 있습니다. 그렇다면 산후조리원 사건에서 산모의 행위는 형법에서 규정한 오로지 공공의 이익에 관한 때에 속할까요, 속하지 않을까요? 앞서 살펴본 것처럼 대법원은 비록 일부 사익을 위한 목적이 있다 하더라도 대체로 공익을 위한 활동이므로 산모의 행위는 사람을 비방할 목적을 가진 행위로 보지 않았습니다.[2] 제70조 제1항이 적용된 사건으로 해당 조항은 "사람을 비방할 목적으로 정보통신망을 통하여 공공연하게 사실을 드러내어 다른 사람의 명예를 훼손한 자는 3년 이하의 징역 또는 3천만 원 이하의 벌금에 처한다"라고 하여 사람을 비방할 목적이 인정되어야만 하는데, 대법원은 이를 부정하여 무죄 취지로 원심을 파기하여 돌려보낸 것입니다. 결국 산모의 행위가 정당하다고 본 것이죠. 직접적으로 형법상 사실적시 명예훼손에 관한 위법성 조각 규정(제310조)을 다루고 있지는 않지만, 이 판결이 의미하는 바는 아주 중대합니다. 판결 요지 원문으로 그 의미를 설명하자면……

"피고인(산모)의 주요한 동기나 목적이 공공의 이익을 위한 것이라면 부수적으로 산후조리원 이용대금 환급과 같은 다른 사익적 목적이나 동기가 내포되어 있다는 사정만으로 피고인에게 갑을 비방할 목적이 있었다고 보기 어려"우므로 산모는 무죄라는 취지입니다. 이런 대법원의 판례 경향을 보건대, 310조의 위법성 조각 사유에 관해서도 '오로지'의 범위를 넓게 해석함으로써 위법성 조각의 적용 범위를 넓히는 해석을 하려는 것은 아닌가 해석해볼 수 있다고 생각합니다. 이는 진실한 사실을 적시하는 행위로도 명예훼손으로 처벌할 수 있고, 그 위법성을 조각하려면 오로지 공공의 이익에

---

[2] 참고로 산후조리원 사건은 형법 제307조 제1항 즉 사실적시 명예훼손이 적용된 사건이 아니라 정보통신망 이용촉진 및 정보보호 등에 관한 법률을 따랐다.

관한 때일 것을 요구하는 현재의 형법 체계에서 진실을 말하는 자의 표현의 자유를 조금 더 보장하는 바람직한 경향으로 바뀌고 있다고 저는 봅니다. 여러분은 어떻게 보는가요?

질문 2. 공인에 대한 비판을 좀 더 널리 허용해야 하는 이유는 뭘까?

예민한 독자라면 느낄 수 있을 것 같습니다. 우리 법은 명예훼손을 형사로도 처벌하지만, 형사처벌이 가능한 범죄로 규정된 명예훼손은 헌법에서 보장한 기본권인 표현의 자유를 제약할 위험성이 있습니다. 그래서 공공의 이익에 관한 것이라는 법 규정을 통해 그 위법성을 제거해 범죄가 되지 않도록 구성하죠. 이것은 균형과 조화를 위한 법적 구성입니다.

하지만 그것만으로 충분할까요? 거듭 강조하지만, 명예훼손 행위를 형사법으로 처벌하는 나라는 몇 나라 없습니다. '악플'로 대표되는 표현의 자유를 빙자한 무책임한 방종은 경계해야겠지만, 표현의 자유는 민주주의라는 거대한 수레를 제대로 굴리기 위해 특히 두텁게 보호해야 하는 핵심 가치입니다. 표현의 자유가 제대로 실현되지 않는 사회는 마치 고인 물처럼 썩을 수밖에 없습니다.

그런 취지에서 우리 법원은 일관되게 '악의적이거나 현저히 상당성을 잃은 공격'이라는 기준을 도입하여 공인에 대한 명예훼손의 면책 범위를 넓혀 왔다고 김보라미 변호사는 말합니다. 김 변호사의 지적을 좀 더 쉽게 풀면 이렇습니다. 대통령이나 국회의원, 고위직 공무원과 같은 대표적인 공인에 대한 비판이 담긴 표현에 관해서는 그것이 명예훼손으로 문제 되는 경우라고 하더라도 악의적이거나 현저히 상당성을 잃은 공격이 아니라면 되도록 명예훼손의 성립을 인정하지 않는 것이죠. 좀 더 구체적인 사례를 한번 살펴볼까요?

대법원[3]은 "정부 또는 국가기관의 정책 결정이나 업무수행과 관련된 사항을 주된 내용으로 하는 언론 보도로 인하여 그 정책 결정이나 업무수행에 관여한 공직자에 대한 사회적 평가가 다소 저하될 수 있다"라고 하더라도 "그 보도 내용이 공직자 개인에 대한 악의적이거나 심히 경솔한 공격으로서 현저히 상당성을 잃은 것으로 평가되지 않는 한, 그 보도로 인하여 곧바로 공직자 개인에 대한 명예훼손이 된다고 할 수 없다"라는 법리를 제시하고, "피고인의 방송 보도를 피해자에 대한 악의적이거나 현저히 상당성을 잃은 공격으로 볼 수 없다"라고 하면서 무죄로 판단했습니다.

위 대법원판결을 다시 한번 살펴보죠. 위 사건은 이른바 'PD수첩' 사건으로 알려진 판결입니다. "방송국 PD 등인 피고인들이 특정 프로그램 방송을 통해 이른바 '한미 쇠고기 수입 협상' 협상단 대표와 주무 부처 장관이 협상을 졸속으로 체결했다는 취지로 이들의 자질이나 자세를 비하하여 명예를 훼손한 혐의로 허위사실적시 명예훼손으로 기소된 사건"이었습니다. 여기서 중요한 건 지상파 방송이라는 아주 강력한 매체를 이용해 허위사실을 적시해 특정인의 명예를 훼손하고 있었음에도, 무죄로 판단하고 있다는 점입니다.

왜 그랬을까요? PD들이 만든 방송은 그 내용이 국민의 관심이 집중된 공적 사안(한미 쇠고기 수입 협상)이고, 그 피해자가 협상단 대표, 주무 부처 장관과 같은 공인이기 때문이었습니다. 다시 강조하지만, PD의 방송은 아주 아

---

[3] 2011. 9. 2. 선고 2010도17237 판결

주 공적인 사안에 관한 것이라서 부수적으로 그 공적 업무를 수행하는 특정한 공인의 명예를 훼손할 수는 있을지언정 그것이 악의적이나 현저히 상당성을 잃은 것으로 평가되지 않는 한 무죄라는 것입니다.

우리나라 법원뿐만 아니라 전 세계적으로도 국민에게 큰 영향력을 행사하는 고위공직자의 행위를 감시하고 비판하며 의혹을 제기하는 활동은 최대한 보장되어야 하므로, 공적 인물에 대한 명예훼손 형사처벌이 함부로 이루어져서는 안 된다는 것이 국제 기준입니다(2011년 7월 발표된 UN 인권위원회 표현의 자유에 대한 일반논평 34호 제38항. 아래 박스 해설 참조).

그런데 여기서 의문이 떠오르는 사람도 있을 겁니다. 공적인 사안을 다루는 특정 공인에 관한 명예훼손 행위를 엄격한 조건을 내세워 무죄로 하면,

---

알아 두기

UN 인권위원회 규약 19조(표현의 자유)에 관한 일반논평 34호

(역자 주) 유엔 시민적·정치적 권리에 관한 국제규약(아래 '규약')의 이행 여부를 감시하는 유엔 인권위원회(The UN Human Rights Committee, 아래 '위원회')가 규약 19조(표현의 자유)에 관한 일반논평 34호를 최근 발표했다. 일반논평이란 국제인권조약에 따라 만들어진 각 조약위원회가 조약의 조문을 유권해석한 것이다. 일반논평을 통해 풍부한 해석이 더해짐으로써 국제인권법의 이행에 큰 도움이 된다. 34호 논평은 기존 논평 10호(1983년)를 대체한 것으로 표현의 자유에 대한 더 구체적이며 확장된 시각을 보여주고 있다.

—류은숙, 인권연구소 '창' 연구활동가

38항 … 정치 영역과 공공 기관에서의 공인에 관한 공적인 논쟁 상황에서 억제되지 않은 표현에 대하여 규약이 특히 높은 가치를 두고 있다는 것을 위원회는 관찰했다. 따라서 표현 형태가 공인을 모욕한 것으로 간주한다는 단순한 사실만으로 형벌의 부과를 정당화하기에는 충분치가 않다(공인도 또한 규약의 조항에서 혜택을 볼 수 있지만). 더욱이 국가와 정부의 수장 등 최고의 정치적 권위를 행사하는 이들을 포함한 모든 공인은 비판과 정치적 반대를 받는 것이 합당하다. 따라서 불경죄, 권위에 대한 경시, 깃발과 상징에 대한 경시, 국가 수장에 대한 비방, 공무원의 명예에 대한 보호 등에 관한 법률에 대해 위원회는 우려를 표한다. 법률은 비판이 제기된 사람의 신분에 기초해서 더 심한 형벌을 부과해서는 안 된다. 당사국은 군대나 행정부 등의 기관에 대한 비판을 금지해서는 안 된다.[4]

번역: 인권운동사랑방 류은숙, 세계의 인권보고서 263호, 2011. 8. 16. 중에서
원문: http://www2.ohchr.org/english/bodies/hrc/docs/GC34.pdf

표현의 자유나 언론의 자유만 너무(?) 보호하게 되는 것 아닌가요? 아주 중요한 질문이라고 생각합니다. 이에 관해 헌법재판소는 기본권인 언론의 자유나 표현의 자유도 몇 가지 기준을 통해 그 한계를 설정할 필요가 있다고 말합니다.

헌법재판소(1999. 6. 24. 선고 97헌마265 결정)는 다음과 같은 기준을 제시하면서, 그 사정을 종합하며 구체적인 표현 내용과 방식에 따라 상반되는 두 권리(인격권 vs. 언론과 표현의 자유)를 비교하여 언론의 자유의 한계를 설정할 필요가 있다고 말합니다.

---

[4] 34호 논평은 기존 논평 10호(1983년)를 대체한 것으로 표현의 자유에 대한 더 구체적이며 확장된 시각을 보여주고 있다.

1. 그 표현으로 인한 피해자가 공적 인물인지 아니면 사인인지의 여부.
2. 그 표현이 공적인 관심 사안에 관한 것인지 순수한 사적인 영역에 속하는 사안인지의 여부.
3. 피해자가 명예훼손적 표현의 위험을 자초한 것인지의 여부.
4. 그 표현이 객관적으로 국민이 알아야 할 공공성과 사회성을 갖춘 사실(알 권리)로써 여론형성이나 공개 토론에 이바지하는 것인지의 여부.

헌법재판소가 제시한 기준은 직접 명예훼손 행위가 처벌되는 행위인지를 판단하고 있지는 않습니다. 하지만 명예훼손 행위가 사회적으로 정당한 행위로서 그 위법성이 제거되어 무죄인지 아니면 특정한 개인의 인격권을 침해해 처벌되는 행위인지를 판단하는 데 아주 중요한 기준을 제시하고 있다고 생각합니다. 여러분은 이런 헌법재판소의 기준이 타당하다고 생각합니까, 아니면 이견이나 보충 의견이 있습니까? 누누이 강조하지만, 이런 헌법재판소의 기준은 절대적인 기준이나 진실은 아닙니다. 그 시대와 공간에 따라 앞으로 얼마든지 더 느슨하게 혹은 더 경직되게 변할 수 있다는 사실을 염두에 두면 좋겠습니다.

그리고 하나 더. 여러분이 오해할까 싶은 기우가 있어 덧붙입니다. 공인이기 때문에 무조건 비판을 감수해야 하는 것은 아닙니다. "공인은 욕해도 처벌받지 않겠네?"라고 생각하는 것은 성숙하지 못한 판단인 것은 물론이고, 위험한 사고방식입니다. 공인의 공적 발언과 공적 행위에 대해 자유롭게 토론하는 것은 좀 더 폭넓게 허용되어야 마땅합니다만, 공인이기 때문에 모든 이들의 무차별적인 비난을 감수해야 하는 것은 아닙니다.

최신 대법원 판례는 '공론의 장에 나선 전면적 공인'이라는 표현을 쓰면서 공인과 표현의 자유, 그리고 명예훼손의 관계에 관해 이렇게 말합니다:

"표현 행위가 명예훼손에 해당하는지를 판단할 때에는 사용된 표현뿐만 아니라 발언자와 그 상대방이 누구이고 어떤 지위에 있는지도 고려해야 한다. 극우든 극좌든, 보수우익이든 종북이나 주사파든 그 표현만을 들어 명예훼손이라고 판단할 수 없고, 그 표현을 한 맥락을 고려하여 명예훼손에 해당하는지를 판단해야 한다. 피해자의 지위를 고려하는 것은 이른바 공인 이론에 반영되어 있다. '공론의 장에 나선 전면적 공적 인물'의 경우에는 비판을 감수해야 하고 그러한 비판에 대해서는 해명과 재반박을 통해서 극복해야 한다. 발언자의 지위나 평소 태도도 그 발언으로 상대방의 명예를 훼손했는지 판단할 때 영향을 미칠 수 있다.

민주주의 국가에서는 여론의 자유로운 형성과 전달에 따라 다수의견을 집약시켜 민주적 정치 질서를 생성·유지해 나가야 하므로 표현의 자유, 특히 공적 관심사에 대한 표현의 자유는 중요한 헌법상 권리로서 최대한 보장되어야 한다. 다만 개인의 사적 법익도 보호되어야 하므로, 표현의 자유 보장과 인격권 보호라는 두 법익이 충돌하였을 때에는 구체적인 경우에 표현의 자유로 얻어지는 가치와 인격권의 보호에 의하여 달성되는 가치를 비교 형량하여 그 규제의 폭과 방법을 정하여야 한다.

타인에 대하여 비판적인 의견을 표명하는 것은 극히 예외적인 사정이 없는 한 위법하다고 볼 수 없다. 그러나 표현 행위의 형식과 내용이 모욕적이고 경멸적인 인신공격에 해당하거나 타인의 신상에 관하여 다소간의 과장을 넘어서 사실을 왜곡하는 공표행위를 하는 등으로 인격권을 침해한 경우에는 의견 표명으로서의 한계를 벗어난 것으로서 불법행위가 될 수 있다."[5] (대법원 전원합의체 판결의 다수의견)

질문 3. 종교적 표현 행위의 특수성은 무엇일까?

우리 헌법은 종교의 자유를 보장합니다(제20조 제1항). 하지만 그 자유는 끝없는 자유, 무조건적인 자유를 의미하지 않습니다. 그 자유에도 한계가 있죠. 그렇다면 보장되는 자유와 보장하기 어려운 방종의 경계는 무엇일까요? 그리고 사회적으로 비난받는 방종을 넘어 그것이 위법하거나 범죄가 되는 그 기준은 무엇일까요? 제가 이 책 첫 줄부터 여러분에게 거듭거듭 강조하는 건 질문의 중요성이었습니다. 그리고 그 질문과 답이 고정된 화석이 되어선 안 된다고 말했습니다. 그 질문과 답은 구체적인 시간과 공간 속에서 숨 쉬는 생명처럼 그 시공간의 영향을 받아 자라고 진화하는 것이라고 말했습니다.

다시 좀 전에 했던 질문으로 돌아가겠습니다. 종교의 자유는 어디까지 보장되어야 할까요? 이 책의 화두인 명예훼손, 그리고 그것과 짝으로서 고민해야 하는 표현의 자유는 종교의 자유와 관련해선 또 어떤 의미가 있을까요? 그 기준은 어떻게 '지금/여기'에서 어떻게 형성되고 있을까요? 무엇보다 일반적인 언론의 자유, 표현의 자유와 종교의 자유(정확히 표현하면 '종교적 표현의 자유')는 얼마나 다를까요? 그것이 다르다면 양자를 다르게 취급하는 이유는 뭘까요?

---

[5] 대법원 2018. 10. 30 선고 2014다61654 전원합의체 판결

이에 관해서는 다양한 의견이 있을 수 있습니다. 하지만 언제나 현실에서 법률적 판단 기준을 제공하는 것은 법원입니다. 그래서 우리는 그 기준을 판결로 확인해볼 수 있습니다. 특히 대법원은 가장 권위 있는 법률적인 판단 기준을 제시합니다. 대법원은 2007년 종교적 표현 행위의 특수성을 인정하는 아주 중요한 판결을 내놓습니다. 사례는 설명하면 다음과 같습니다.

여러분, 군종장교라고 들어보셨나요? 군종장교는 쉽게 말하면, 성직자 신분을 가진 참모장교(국가공무원)입니다. 성직자이자 군인인 두 개의 신분을 동시에 가지고 있죠. 군종장교는 그래서 소속 종단으로부터 부여된 권한에 따라 설교·강론 또는 설법하거나 종교의식 및 성례를 할 수 있습니다. 이것은 마땅히 인정되는 종교의 자유죠.

그런데 말입니다. 그 군종장교가 동시에 겸유한 성직자 신분으로 행한 종교활동에서 소속 종단 종교를 선전하거나 다른 종교를 비판하였다면 어떨까요? 그 행위는 명예훼손에 해당할까요? 종교적 중립 의무를 규정한 공무원으로서의 의무를 위반한 위법행위라고 할 수 있을까요? 여러분은 어떻게 생각합니까?

대법원은 이렇게 말합니다. "종교의 자유에는 자기가 신봉하는 종교를 선전하고 새로운 신자를 규합하기 위한 선교의 자유가 포함되고, 선교의 자유에는 다른 종교를 비판하거나 다른 종교의 신자에 대하여 개종을 권고하는 자유도 포함된다." 이 말은 어떤 의미냐면요. (자신이 속한 종단의) 종교적 선전과 타 종교에 대한 비판 등은 표현의 자유의 보호 대상이 된다라는 의미입니다. 즉, 법원은 자기 종단에 관한 선전과 타 종교에 대한 비판이 담긴 설교라 할지라도 그것을 표현의 자유의 보호 범위 안에 두고 보호합니다.

즉, 종교적 표현 행위, 즉 종교적 목적을 위한 언론·출판 행위는 일반적인 언론·출판에 비하여 더욱더 그 권리를 보장받습니다. 특히 법원은 타 종교나 타 종파에 대한 비판도 "자신의 신앙 교리 내용과 반대 종파에 대한 비판의 내용을 알리기 위한 것이라면 그와 같은 비판할 권리는 최대한 보장 받아야" 한다고 말하고 있습니다.

다만, 그로 인하여 타인의 명예 등 인격권을 침해하는 경우에는 어떻게 판단해야 할까요? 이럴 때도 종교의 자유, 종교적 표현의 자유만 더욱더 두텁게 보호해야 한다고 할까요? 즉, 종교의 자유 보장과 개인의 명예 보호라는 두 법익이 충돌하는 경우에 양자를 어떻게 조정해야 할까요? 그럴 때 대법원은 "그 비판 행위(종교적 표현 행위)로 얻어지는 이익, 가치와 공표가 이루어진 범위, 그 표현 방법 등 그 비판 행위 자체에 관한 제반 사정과 함께 고려하고, 동시에 그 비판 때문에 훼손되거나 훼손될 수 있는 타인의 명예 침해의 정도를 비교하고 고려하여 결정하여야 한다"라고 말합니다.

간추려 보기

- 대법원판결은 사실적시 명예훼손 시 오로지 공공의 이익에 관한 때는 진실을 말하는 자의 표현의 자유를 조금 더 보장하는 경향으로 바뀌고 있다.

- 세계의 기준은 물론이고 대법원은 공인과 표현의 자유 그리고 명예훼손의 관계에 관해 더 엄격하게 개인의 표현의 자유를 보장하는 쪽으로 흐르고 있다.

- 종교적 목적을 위한 언론·출판 행위는 일반적인 언론·출판에 비하여 더욱더 그 권리를 보장받는다.

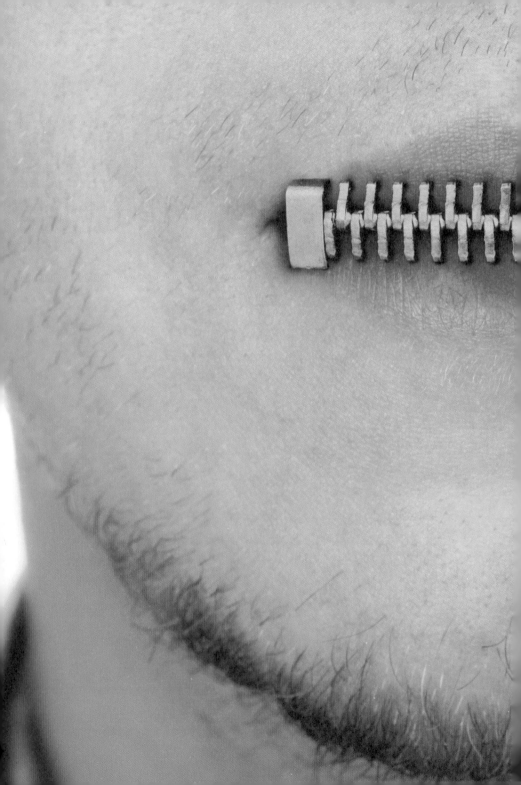

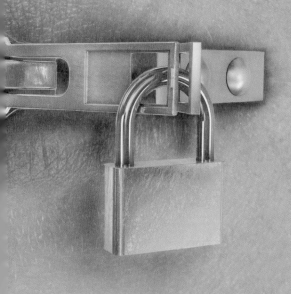

4장 임시조치제도, 일명 '블라인드' 누구냐 넌?

▌ 지퍼 있는 입. 임시조치제도는 우리 입에 재갈을 물리는 것일까?

우리 시대

를 가장 폭넓게 상징하고 대표하는 단어는 무엇일까요? 그것은 아마도 디지털일 겁니다. 네, 우리는 디지털 시대에 살고 있습니다. 그 디지털의 주된 공간은 인터넷과 모바일입니다.

인터넷은, 놀라지 마십시오, 냉전의 산물입니다. 인터넷의 기원은 1969년 미 국방성 프로젝트인 아파넷[6]인데요. 아파넷 역시 하나의 질문으로 시작했습니다. 그 질문은 냉전 시대의 긴장과 위기를 반영하는 질문이었죠. "만약 국방성의 모든 정보가 담긴 서버에 핵폭탄이 터지면 어떻게 할 것인가?" 그렇게 탄생한 미국 네 개 대학(UCLA, UCSB, 유타, 스탠퍼드(SRI))의 서버를 연결하는 프로젝트인 아파넷이 바로 인터넷의 기원이었습니다.

인터넷은 그렇게 냉전이라는 미국과 소련의 적대와 긴장을 그 시대적 토양으로 하지만, 이제 인터넷 그 자체라고 말해도 좋을 만큼 대중화된 온라인 공간을 상징하는 웹('월드 와이드 웹'의 줄임말)은 자유와 개방, 참여와 공유를 상징합니다. 물론 소수 거대 인터넷 산업이 웹을 닫아걸고 있다라는 비판

---

[6] 아파넷은 미국 국방성 산하 고등연구계획국의 'ARPA'(Advanced Research Projects Agency, 현 DARPA; Defense Advanced Research Projects Agency)와 네트워크를 의미하는 'NET'의 합성어.

처럼 그 의미가 점차로 퇴색하고 있긴 하지만요. 웹은 1989년경 영국인 엔지니어, '웹의 아버지' 팀 버너스-리에 의해 제안되었습니다. 유럽입자물리연구소의 객원 엔지니어였던 팀 버너스-리는 서로 개별적인 퍼스널 컴퓨터 안에 닫힌 채로 분산돼 보관 중인 정보를 연결하고 교환하고 싶었습니다. 그의 소박하지만 원대한 포부는 정보의 개방과 연결 그리고 공유였습니다. 그렇게 인터넷 혁명은 시작됐고, 이제 그 혁명은 모바일로 이어지고 있습니다.

모바일 혁명의 기원은 좀 더 가까이 있습니다. 2007년 6월 29일 미국인 스티브 잡스가 맥월드에서 아이폰을 발표하면서 촉발한 스마트폰 혁명은 모바일 혁명의 총아로 지금, 이 순간에도 디지털 세계의 진화를 이끌고 있습니다. 이제 손바닥 안에 있는 이 작은 기계(정확히는 전화와 결합한 이동형 컴퓨터)에 세상 모든 것이 거의 모두 담겨 있다고 해도 과언은 아닙니다. 실시간으로 이동하면서 전 세계 누구와도 소통할 수 있다는 건, 지금은 당연한 일이지만, 30년 전만 해도 SF영화에서나 볼 법한 풍경이었습니다. 그만큼 디지털 혁명의 속도, 모바일 혁명의 속도는 눈부십니다.

디지털의 핵심 토대는 복제와 전송 기술을 바탕으로 구축되었습니다. 이메일이 만들어졌고, 게시판이 만들어졌습니다. 커뮤니티가 형성됐고, 블로그가 탄생했으며, 이제는 SNS로 불리는 소셜미디어가 마치 또 다른 삶의 공간처럼 익숙하게 우리 곁에 있습니다. 그리고 무엇보다 카톡과 같은 '메시지 서비스'를 통해 우리는 숨 쉬듯 누군가와 매 순간 이야기하고, 다투고, 또 사랑을 나눕니다.

무한에 가깝게 열린 공간에서 무지막지하게 연결된 정보는 이제 빛의 속도로 복제할 수 있고, 아주 저렴한 비용으로 전 세계 어디에나 빠르게 전송

가능합니다. 그런 복제와 전송은 인터넷과 모바일에 있는 어떤 정보도 키보드 버튼 몇 개(Ctrl C, Ctrl V)만 두드리면, 스마트폰 액정 화면을 몇 번 두드리면, 순식간에 복사돼 재현되고, 전파됩니다. 그 복사와 전파의 속도는 그야말로 찰나입니다.

그런데 그렇게 복사되어 전파된 정보가 누군가의 명예를 훼손하는 정보라면? 그래서 미처 손쓸 겨를도 없이 퍼져나간다면? 그런 상황을 대비해서 도입한 제도가 바로 임시조치입니다. 일단 전송되면 손 쓸 수 없을 정도로 멀리 그리고 널리 퍼져갈 수 있는 피해(명예훼손)를 '우선은' 막고 보자는 취지였습니다.

임시조치의 제도를 좀 더 친절하게 설명하면요, 임시조치는 포털에 올라온 게시물에 대해 권리침해 주장자가 자신의 명예훼손이나 사생활 침해를 이유로 차단을 요청하면(권리침해 신고), 포털사가 일단 해당 게시물을 볼 수 없도록 차단하고(블라인드 = 임시조치), 그렇게 30일 동안 게시물 작성자가 이의를 제기하지 않으면 해당 게시물을 완전히 삭제하는 제도입니다.

알아 두기

임시조치제도의 연혁과 포털
PC통신 시절의 불온 통신 단속(전기통신사업법 제53조) 조항까지 올라갑니다. 현재의 임시조치는 2007년 1월에 정보통신망 이용촉진 및 정보보호 등에 관한 법률(이하 '망법') 제44조의 2(이하 '해당 조항')로 탄생했습니다(2008년 시행). 망법 해당 조항에 따라 우리가 흔히 포털이라고 부르는 인터넷 기업은 임시조치 의무를 부과받았고, 오늘에 이르고 있습니다.

즉, 포털 기업은 망법 해당 조항에 따라 권리침해 주장자의 신고에 따라 임시 조치를 해야 합니다. 하지만 임시조치를 하지 않는다고 해서 특별히 벌칙이 있는 것은 아닙니다. 즉, 강제적 성격이 없습니다. 하지만 법 제도가 권하는 임시조치를 굳이 시행하지 않을 이유가 영리 기업인 포털사에 있을 리 없기에 권리침해 주장자의 신고가 있으면 대부분은 임시조치를 집행합니다.

임시조치의 위력은 생각보다 대단합니다. 조금만 관심을 두고 임시조치에 관한 뉴스를 검색하면, 적지 않은 뉴스를 우리는 손쉽게 접할 수 있죠. 특히 정치인 아무개나 크고 작은 기업이 네티즌을 상대로 임시조치를 진행한다는 뉴스를 어렵지 않게 접할 수 있습니다. 임시조치는 얼마나 이뤄지고 있을까요? 이를 보여주는 통계 자료를 한번 살펴봤습니다.

연도별 임시조치 집행 건수와 이에 대한 이의 제기 건수는 다음과 같습니다.

◎ 2008년 약 9만 2천 건 → 이의 제기: 약 2천7백 건

◎ 2009년 약 13만 5천 건(전년 대비 46.6% 증가) → 이의 제기: 약 2천9백 건

◎ 2010년 약 14만 5천 건(전년 대비 6.8% 증가) → 이의 제기: 약 6천5백 건

◎ 2011년 약 22만 3천 건(전년 대비 54.1% 증가) → 이의 제기: 약 1만 6천5백 건

◎ (중략)

◎ 2017년 상반기 약 10만 8천 건(네이버 약 8만 2천 건, 카카오 약 2만 5천 건).

참고로 2017년 상반기 자료를 조금 더 자세히 살펴보면요, 포털의 임시조치와 유사한 기능을 수행하는 방송통신심의위원회(이하 '방심위')의 권리침해정보에 대한 시정요구 건수는 2017년 상반기(정확히는 6월 12일까지) 기준으로 약 3천백 건에 불과합니다. 즉, 유사한 기간의 포털의 임시조치가 진행된 건수와 비교하면 임시조치가 약 34배 더 많은 거죠. 이는 통신(인터넷)에서 이뤄지는 권리침해정보(명예훼손과 사생활 침해 등)에 관한 실질적인 규제가 임시조치제도를 통해 이뤄지고 있음을 보여주는 객관적인 수치라고 할 수 있습니다.

위 통계 자료를 통해 우리는 다음 몇 가지 사실과 경향을 알 수 있습니다.

첫째, 포털(인터넷 기업)이 권리주장자(명예훼손 등의 피해 주장자)의 신고에 의해 집행하는 임시조치는 연간 약 20만 건 정도로 보입니다.

둘째, 포털의 임시조치 규모는 공식적인 행정기구의 성격을 강하게 띠는 방심위에서 운용하는 유사한 기능, 즉 권리침해정보에 대한 시정요구 건수(연간 약 6천 건 정도로 추정)와는 비교할 수 없을 정도로 큰 규모입니다. 따라서 명예훼손이나 사생활 침해에 관한 실질적인 규제는 방심위의 시정요구가 아니라 포털의 임시조치를 통해 이뤄지고 있다고 할 수 있습니다.

셋째, 집행된 임시조치에 대한 이의 제기 건수는 극히 미미합니다. 이는 임시조치된 게시물, 즉 표현 대부분은 30일 동안 가려지고, 결국은 삭제된다는 의미입니다. 상식적으로 상상해도 여러분이 이용하는 포털 블로그에 올린 글이 임시조치된다면, 이의 제기해야겠다고 마음먹기란 여간 쉽지 않을 겁니다. 그 수고로운 절차를 묵묵히 진행하는 일은 "그냥 차단당하고 말지"하고 용인하는 것보다 훨씬 더 큰 용기가 필요하고, 무엇보다 시간과 비용이 필요합니다. 그런 용기와 시간과 비용 때문에 올린 글이 아무리 떳떳하고 당당한 글이라고 해도 그냥 블라인드 처리라는 포털의 횡포(?)에 이의 제기 한번 못 하고 삭제되는 꼴을 우두커니 지켜만 보는 게 보통입니다.

임시조치의 순기능이 없지 않겠습니다만, 임시조치를 비판하는 입장에서는 임시조치가 실질적으로 표현의 자유를 억압한다고 말합니다. 앞서 설명한 것처럼 임시조치는 회복이 불가능한 피해가 발생하기 전에 그 침해를 막아 보자는 상식적이고 합리적인 존재 이유를 가진 제도입니다. 그렇다면, 그럼에도 왜 많은 이들이 임시조치를 비판하는 걸까요?

이들은 다음과 같은 이유를 들어 임시조치제도를 비판합니다.

우선, 임시조치제도가 인격권과 표현의 자유의 균형을 도모하는 제도라기보다는 현실에서 표현의 자유를 심대하게 억압하는 제도로 악용되고 있다고 주장합니다.

둘째, 특히 막대한 권한을 가진 정치 권력, 그리고 막대한 자금력을 가진 기업 권력이 임시조치제도를 통해 자신에 대한 합리적인 비판마저 원천 봉쇄하고 있다고 임시조치 비판론자는 말합니다. 황상기 교수(한양대 법학전문대학원)는 "국가나 정부 권력, 사회적 권력에 대한 정당한 비판이나 정치적 표현을 억압하는 수단으로 악용"되고 있다고 임시조치제도를 비판하면서, 그 실제 사례로서 다음 몇 가지 사건을 예시합니다.

◎ 2009년 5월 1일 노동절 시위 현장에서 지하철 입구를 막고 시민들에게 폭력을 행사하는 경찰 간부의 사진이 인터넷에 퍼지자 당사자인 서울경찰청 모 간부가 권리를 침해당했다며 그 사진이 담긴 게시물 다수에 임시조치를 요청함.

◎ 2009년 4월 장자연 리스트와 관련한 이종걸 국회의원의 발언이 담긴 게시물들이 모 유력일간지의 임시조치 요청으로 포털에서 대량으로 사라짐.

◎ 2008년 12월 최병성 목사('생명과 평화' 블로거 운영자)가 포털에 게재한 '1,000마리 철새 떼죽음 된 시화화 원인 조사해보니' 등 게시물 17개에 관해 양회협회가 명예훼손을 이유로 임시조치를 요청함.

(이상 황상기 교수의 발언 및 사례 인용 출처: 오픈넷, [인터넷상의 표현의 자유 관련 판례 10선] 6, 임시조치 사건, 황상기, 2015. 9. 24.)

셋째, 임시조치제도는 실질적으로 권리침해 주장자의 일방적인 주장과 요청만으로 그 즉시 게시물이 차단되는 효과가 생기는 제도입니다. 물론 포털사 내부 정책에 따라 이의 제기와 재게시 청구에 관한 절차가 존재하기는 하지만, 시간과 노력, 무엇보다 용기가 필요한 절차적인 번거로움을 감수하면서까지 게시물을 유지하려는 게시물 게시자는 사실상 매우 적은 형편입니다. 이는 앞서 살펴본 극히 미미한 이의 제기 비율에서 확인할 수 있습니다.

넷째, 임시조치제도는 결과적으로 권리침해 주장자의 일방적인 주장만으로 게시물을 영구적으로 삭제하는 결과를 초래합니다. 자신의 권리(명예훼손으로 인해 침해되는 인격권이나 사생활 보호 등)가 침해당했다는 단순한 주장만으로 자신에게 비판적인 게시물을 손쉽게 차단하는 것은 물론이고, 그런 차단 기간 이의 제기가 없으면 해당 게시물은 영구히 삭제되어버립니다. 권리침해 주장자는 권리침해에 관한 입증책임을 전혀 지지 않고, 그저 자신의 권리가 침해됐다고 신고만 하면, 어떤 게시물을 사실상 영구히 삭제할 수 있는 권능을 지니게 되는 셈입니다. 이는 명예훼손에 관한 불법성 판단을 포털사에 넘겨준

꼴입니다. 유권해석 기관도 아닌 영리 회사 포털사는 정의를 위해 불법성 판단을 적극적으로 시도할 아무런 이유가 없습니다. 그렇기 때문에 보수적인 기준을 적용해 임시조치(삭제조치)를 적극적으로 수용할 수밖에 없습니다.

이렇게 임시조치제도의 부당함을 주장하는 이들은 결국 임시조치제도가 헌법적 가치에 부합하지 않고, 헌법상 표현의 자유를 침해한다는 이유로 헌법 심판을 청구했습니다. 이에 헌법재판소는 임시조치제도가 헌법을 위반하는지 판단했고, 2012년 판결을 내놓게 되는데요. 결과적으로 헌법재판소는 임시조치제도가 헌법의 원칙에 반하지 않고, 표현의 자유를 침해하지 않는다고 판단했습니다. 헌법재판소는 다음과 같이 판결했습니다.

"우선, 망법 해당 조항은 사생활을 침해하거나 명예를 훼손하는 등 타인의 권리를 침해하는 정보가 정보통신망을 통해 무분별하게 유통되는 것을 방지하기 위한 것이고, 권리침해 주장자의 삭제 요청과 침해 사실에 대한 소명에 의하여 포털(정보통신서비스 제공자)로 하여금 임시조치를 취하도록 함으로써 해당 정보의 유통 및 확산을 일시적으로 차단하려는 것이므로, 그 입법 목적이 정당하고 수단도 적절하다.

둘째, 포털에 게재되는 사생활이나 명예에 관한 정보에 대해서는 반론과 토론을 통한 자정작용이 사실상 무의미한 경우가 적지 않고, 빠른 전파 가능성으로 말미암아 사후적인 손해배상이나 형사처벌로는 회복하기 힘들 정도의 인격 파괴가 이루어질 수도 있다. 따라서 정보의 공개 그 자체를 잠정적으로 차단하는 것 외에 반박 내용의 게재, 링크 또는 퍼 나르기 금지, 검색기능 차단 등의 방법으로는 망법 해당 조항의 입법 목적을 효과적으로 달성할 수 없다.

셋째, 게다가 임시조치를 하기 위해서는 권리침해 주장자의 소명이 요구되므로 포털로 하여금 많은 이용자를 확보하려는 영리적 목적과 사인의 사생활, 명예, 기타 권리의 침해 가능성이 있는 정보를 차단하는 공익적 목적 사이에서 해당 침해 주장이 설득력이 있는지를 스스로 판단하도록 하고 있다.

넷째, 30일 이내라는 비교적 짧은 기간의 정보 접근만을 차단할 뿐이고, 임시조치 후 30일 이내에 정보 게재자의 재게시 청구가 있을 경우라든가 임시조치 기간이 종료한 경우 등 향후의 분쟁 해결 절차에 관하여는 포털사의 자율에 맡김으로써 정보의 불법성을 좀 더 정확히 확인하는 동시에 권리침해 주장자와 정보 게재자 간의 자율적 분쟁 해결을 도모할 시간적 여유를 제공한다.

다섯째, 임시조치의 절차적 조건과 내용도 정보 게재자의 표현의 자유를 최소한으로 제한하도록 설정되어 있다고 할 수 있다.

여섯째, 타인의 명예나 권리를 표현의 자유가 갖는 구체적 한계로까지 규정하여 보호하고 있는 헌법(제21조 제4항)의 취지 등에 비추어 볼 때, 사생활 침해, 명예훼손 등 타인의 권리를 침해할 만한 정보가 무분별하게 유통됨으로써 인격적 법익, 기타 권리에 대한 침해가 돌이킬 수 없는 상황에 이르게 될 가능성을 미연에 차단하려는 공익은 매우 절실하다. 반면, 망법 해당 조항으로 말미암아 침해되는 정보 게재자의 사익은 그리 크지 않으므로, 법익 균형성 요건도 충족한다." (헌법재판소 2012. 5. 31. 2010헌마88 결정 중 판결 요지를 바탕으로 정리)

이렇게 헌법재판소는 임시조치제도가 헌법적 가치, 특히 표현의 자유를 침해하지 않는다고 판단하였고, 임시조치제도는 여전히 망법에 존재하며, 포털사는 임시조치제도를 운용하며 현재에 이르고 있습니다.

여러분은 어떻게 판단합니까?

임시조치는 표현의 자유를 제약하는 제도입니까? 그리고 정치적으로 경제적으로 사회적으로 문화적으로 힘이 센 사람들, 정치인과 기업인, 종교인과 유명 연예인만을 과도하게 보호하고, 평범한 시민의 표현의 자유를 억압하는 제도라는 생각이 안 듭니까?

아니면 임시조치는 디지털 복제 문화라는 기술적 특성을 고려해 한번 퍼지면 회복 불가능한 권리침해 정보의 전파를 효과적으로 방지하고, 그 피해를 최소화하는 인터넷 시대, 모바일 시대에 꼭 필요한 제도라고 생각합니까?

거듭 강조하지만, 저는 정답을 제시하는 사람이 아닙니다. 저는 여러분이 좀 더 정확하게 판단하고, 답하며, 다시 그 답을 통해 질문을 만들어 갈 수 있도록 도와주고 싶습니다. 그래서 저는 여러분에게 좀 더 풍부한 판단의 재료를 제공하고 싶습니다. 너무 성급하게 결론을 내지는 마세요. 좀 더 긴 호흡으로, 좀 더 다양한 관점으로 이 문제를 살펴보았으면 합니다. 성급한 확신은 무지와 맹목으로 가는 지름길입니다.

• 임시조치는 한번 퍼지면 회복 불가능한 권리침해 정보의 인터넷 전파를 효과적으로 차단하고, 그 피해를 최소화하고자 고안된 제도다.

• 임시조치는 포털 게시물에 대해 권리침해 주장자가 명예훼손이나 사생활 침해를 이유로 차단을 요청하면, 포털사가 일단 블라인드 즉 게시 차단을 하고, 30일 동안 게시물 작성자가 이의를 제기하지 않으면 게시물을 삭제하는 제도다.

• 임시조치 비판론자는 유명인이나 기업이 임시조치제도를 통해 자신에 대한 정당한 비판을 막거나 국가가 국민의 표현의 자유를 억압하는 수단으로 변질되었다고 주장한다.

• 헌법재판소는 2002년에 임시조치제도가 헌법의 원칙에 반하지 않고, 표현의 자유를 침해하지 않는다고 판단했다.

5장 지금/여기에서

사람이

다른 사람과 서로 어울려 살아가고, 사람과 사람 사이에 언어적 소통행위가 존재하며, 그렇게 사회적 존재로서의 인간이 사라지지 않는 한 명예훼손의 문제는 법원이라는 낯선 공간에 갇힌 남의 일이 아니라 바로 옆에 있는, 언제든 내가 그 사건의 당사자가 될 수 있는 우리의 일입니다.

저는 명예훼손의 문제가 지금/여기에서 살아가는 사람들이 고민해야 하는 현실의 문제라고 반복해서 강조했습니다. 아래 두 개의 최근 사례를 여러분에게 제시합니다. 이 사례는 저 개인적으로는 여전히 해결하지 못한 과제를 남기고 있습니다. 그리고 그 문제에 관해 누구에게도 양보할 수 없는 단단한 정답이 아니라 그 문제에 관한 또 다른 질문과 고민, 대화와 성찰이 여러분에게도 남겨지길 저는 감히 바라봅니다.

#1. 그것이 알고 싶다, 고 김성재 방송금지 가처분 사건

"서울남부지법 민사합의51부(반정우 부장판사)는 고 김성재의 과거 여자친구로 알려진 김모 씨가 '그것이 알고 싶다'(이하 '그알')를 상대로 제기한 방송금지 가처분 신청을 받아들였다. 재판부가 김 씨의 손을 들어준 이유는 세 가지로 방송이 공공의 이익을 위한 것이 아니며, 확인되지 않은 사실을 담았고, 김 씨의 명예를 심각하게 훼손할 수 있다고 봤다.

재판부는 "불특정 다수의 사람이 방송을 시청해 신청인의 인격과 명예에 중대하고 회복하기 어려운 손해가 발생할 우려가 있다"라며 "방송 내용의 가치가 신청인의 명예보다 우월하지 않다고 보는 게 타당하다"라고 설명했다.

(중략)

앞서 '그알'은 지난 8월 〈고 김성재 사망 사건 미스터리〉라는 제목의 방송을 내보내려 했다. 그러나 김 씨가 방송금지 가처분 신청을 내고 법원이 이를 받아들이면서 방송이 어렵게 됐다.

(중략)

고 김성재는 1995년 11월 20일 서울 서대문구 홍은동의 한 호텔에서 숨진 채 발견됐다. 당시 고인의 몸에서는 28개의 주삿바늘 자국이 발견됐고, 동물 마취제 졸레틸이 검출됐다. 당시 살해용의자로 지목된 김 씨는 1심에서 무기징역을 선고받았지만, 이후 2·3심에서 증거 불충분으로 무죄 판결을 받았다."

－이상 한국경제, '또 방송 불발 〈그것이 알고 싶다 故 김성재 편〉…
법원이 前 여친 손들어준 이유', 2019년 12일 21일 자 중

#2. 양육비를 안 주는 아빠들, 배더파더스 사이트 무죄 사건

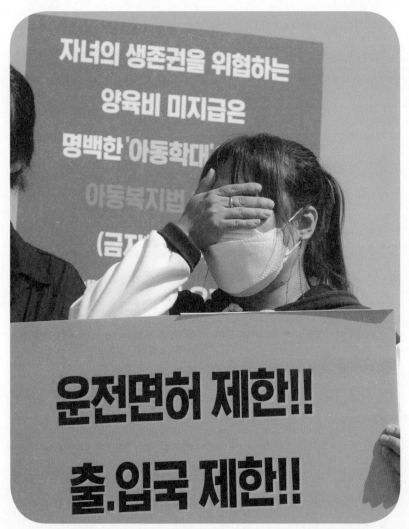

자녀의 생존권을 위협하는
양육비 미지급은
명백한 '아동학대'
아동복지법
(금지
운전면허 제한!!
출.입국 제한!!

2020년 5월 6일 오전 서울 여의도 국회의사당 앞에서 양육비해결총연합회 관계자가 발언을 마친 뒤 눈물을 흘리고 있다. 이날 이들은 양육비 이행확보 및 지원에 관한 법률 개정안 통과를 촉구했다.

배더파더스 사이트(Bad Fathers Site)는 혼자서 아이를 키우는 미혼모, 이혼한 싱글맘에게 고의로 양육비를 주지 않는 아빠의 신상정보를 공개하는 사이트입니다. 사실 우리나라 법은 이혼한 아빠가 양육비를 지급하지 않아도 별다른 제재를 하지 않습니다. 일단 양육비를 지급하지 않아 소송을 걸고 싶어도 돈이 없어 못 하고, 또 설사 양육비를 지급하라는 판결을 얻어도 양육비를 지급하지 않고 미루는 아빠도 있습니다. 영국이나 호주에서는 이런 아빠에게, 운전면허 취소 같은 강력한 생활 제재를 가하지만, 우리나라는 별다른 제재가 없습니다. 그래서 이 사이트는 양육비를 주지 않는 아빠들을 압박하기 위해 신상을 공개합니다.

"지난 (2020년) 1월 15일, 사단법인 오픈넷이 공동변호인단으로 참여한 배드파더스 관련자의 사실적시 명예훼손죄의 국민참여재판에서 배심원 7명의 만장일치 무죄 평결 및 재판부의 무죄 선고가 내려졌다(2019고합425).

이번 판결은 공인이 아닌 사인의 신상을 공개하며 비위 사실을 알리는 행위도 공공의 이익과 관련이 있는 경우에는 명예훼손죄로 처벌할 수 없다는 것을 확인한 명시적인 선례이자, 이것이 국민의 법 감정에도 부합함을 보여주었다는 측면에서 매우 의미가 있다.

배드파더스는 양육비 지급 판결문 등을 기초로 양육비 지급 의무가 있음에도 이를 지급하지 않고 있는 것으로 확인된 부모들의 이름, 주소, 사진 등의 신상정보를 공개하고 있으며, 양육비를 지급한 사실이 확인된 경우에는 리스트에서 삭제하는 방식으로 운영되고 있는 사이트다.

오픈넷은 작년 2월 방송통신심의위원회에서 배드파더스 사이트 차단 여부가 심의되었을 때에도 의견서를 제출해 차단을 저지한 바 있다. 이후 이 사이트에 등재된 인물 중 일부가 배드파더스의 제보 창구 역할을 해온 구본창 씨를 명예훼손으로 고소하였고, 구 씨는 정보통신망법 제70조 제1항 사실적시 명예훼손죄 혐의로 이번 재판을 받게 된 것이다."

—이상, 2020년 1월 22일 사단법인 오픈넷 성명서 '양육비 미지급 부모 명단 공개 '배드파더스'에 대한 사실적시 명예훼손 무죄 판결을 환영한다.' 중에서

이 두 사례를 여러분과 함께 살펴보고 고민하는 것으로 이 책을 마무리하고자 합니다. 우선 편의상 '그것이 알고 싶다, 고 김성재 방송금지 가처분 사건'은 '그알' 혹은 '그알 사건'으로, '배드파더스 사이트 무죄 사건'은 '배드파더스' 혹은 '배드파더스 사건'으로 표현합니다.

우선, 이 두 사례의 차이점은 아래와 같습니다.

그알 사건과 배드파더스 사건의 결정적 차이는 명예훼손의 내용이 얼마나 사실에 부합하는가에 있다고 판단합니다. 간단히 말해서 배드파더스 사건에서 명예훼손에 해당하는 내용은 명확한 사실이고, 그알 사건에서 명예훼손에 해당하는 내용은 합리적인 의심에 그치고 있는 것으로 판단합니다.

즉, 그알 사건은 아무리 제작진이 국민의 알 권리를 내세우더라도 언론 등을 통해 알려진 방송 내용을 고려하면 여전히 "구체적이고 새로운 핵심 증거의 제시"가 아니라 "새로운 사실이 추가됐고, 유의미한 제보가 있었다(언론에서 직접 인용한 제작진의 코멘트)"는 다소 추상적인 것에 머물고 있습니다.

하지만 한편으로, 오래된 미제 사건을 다시 재조명하고, 혹시 있을지 모를 새로운 목격자의 증언을 통해 사회적인 관심을 환기하는 일은 그알에서

오랫동안 꾸준히 해온 일이기도 합니다. 이런 보도 행위의 공익성을 의심하기는 어렵다고 생각합니다. 아주 중요한 사회적인 기여고, 공익적 보도 행위로 판단합니다.

그런 맥락에서 법원 결정에 대한 많은 시청자의 반발과 더 나아가 한국PD연합회의 비판은 이해되는 측면이 있습니다. 한국PD연합회는 성명서를 통해 이렇게 말합니다.

"김성재 사망 미스터리를 다룬 <그것이 알고 싶다>(12월 21일 방송 예정)가 또 불방됐다. 서울남부지법 민사합의51부(반정우 부장판사)는 20일, "이번 방송은 신청인이 김성재를 살해했을 가능성이 있다는 점을 암시한다는 점에서 이전 방송과 동일하다"라며 방송을 금지했다. 지난 8월 방송금지 가처분을 인용한 바로 그 판사가 똑같은 판결을 내린 것이다. 제작진은 △8월 가처분 판결에서 법원이 방송금지를 명령한 이유를 적극적으로 반영했고 △진실을 밝힐 단서가 될지도 모르는 새로운 제보가 들어왔다고 밝혔다. 제작진의 합당한 노력에 똑같은 판사가 똑같은 판결로 응답한 게 과연 합리적인지 우리는 심각한 의문을 제기한다.

먼저, 재판부는 공공의 관심사에 대한 국민의 알 권리를 침해했다. 재판부와 제작진이 상반된 입장을 밝히는 상황에서 정작 시청자는 방송을 볼 수 없어서 판단 기회를 잃은 채 소외되고 말았다. 재판부는 "신청인의 인격과 명예에 중대하고 회복하기 어려운 손해가 발생할 우려가 있다"라고 방송금지 사유를 밝혔다. 신청인 김 모 씨의 인권은 물론 존중해야 한다. 그러나 김성재 사망 사건은 △인기 절정의 스타가 갑자기 사망했고 △타

살 의혹이 여전히 있는데도 △정작 범인은 확정되지 않은 미제 사건이다. 재판부의 판단대로라면, 공공의 관심이 집중된 미제 사건을 취재하여 방송하는 것을 시청자가 보아서는 안 된다는 말인가?

(중략)

재판부는 <그것이 알고 싶다>의 어떤 부분이 미흡한지 구체적으로 지적하지 못했다. 나아가, 누군가 진실을 감추려는 자에게 이 판결이 진실 은폐의 수단으로 악용될 가능성도 배제하지 못했다. 빈약한 근거로 허위 주장을 방송할 경우 우려되는 인권침해를 예방하자는 가처분 제도의 입법 취지에 충분히 부합하는 판결인지 의심스러운 것이다. 사법부의 최종 판결에 대해 의문을 제기하는 것은 어느 사회에서든 금기에 가까운 일이다. 그러나 사법부의 권위는 이성과 양심의 마지막 보루라는 사회적 신뢰를 획득해야만 비로소 정당성을 가질 수 있다. 사법부의 판결은 존중해야 하지만, 그 누구도 가릴 수 없는 진실의 차원 또한 존재한다.

재판부도 사람이기 때문에 오류를 범할 수 있다. 그 오류 때문에 정의가 실종됐다면 문제를 제기하고 시정을 요구하는 게 언론의 당연한 임무다. 제작진은 "미제 사건을 해결할 수 있는 제도적 대안을 모색하자"라고 제작 의도를 밝혔는데, 이는 사법부가 반대할 일이 아니다. 재판부는 안일하게 방송금지 결정을 되풀이할 게 아니라, 김성재 사망 사건의 재심 가능성을 검토해야 정의롭지 않았을까?"

-2019년 12월 23일, 한국PD연합회 "[성명] <그것이 알고 싶다> 방송금지는 '사법부 제 식구 감싸기'인가" 중에서

여러분은 어떻게 판단합니까? 사실 정확한 판단을 위해선 정확한 판단 재료가 필요합니다. 그알 사건은 '그 마음'은 있지만, '그 정체'를 정확히 파악하는 사람은 극소수일 수밖에 없습니다. 직접 프로그램을 제작한 제작진과 사건을 담당한 재판부를 제외하고는 이 프로그램이 얼마나 심각한 명예훼손의 내용을 담고 있는지, 혹은 국민이 마땅히 알아야 할 의미 있는 정보를 얼마나 제공하고 있는지 판단할 수 없죠.

그래서 우리는 언론을 통해 전해진 사실의 일부만을 전달받는다는 사실을 항상 명심할 필요가 있습니다. 그알 제작진의 아쉬움이나 한국PD연합회가 말하는 법원에 대한 비판 취지에 저는 충분히 공감합니다. 하지만 그렇다고 해서 전적으로 그알이나 한국PD연합회가 옳다고 생각하지는 않습니다. 우리의 확신이, 우리의 정의감이, 우리의 인간애가 어쩌면 부족한 정보에 바탕을 둔 손쉬운 맹신의 결과일 수도 있습니다. '나도 틀릴 수 있다.' 그 자명한 진실 앞에서 우리는 항상 '근심'해야 합니다.

물론 그렇다고 해서 항상 충분한 정보, 충분한 판단의 재료가 주어지는 사례에 관해서만 우리가 이야기해야 하는 것은 아닙니다. 그렇게 해야 한다면, 그 엄숙주의가 우리를 숨 막히게 할 테니까요. 그래서 서로의 입장을 바꿔 마치 토론 시합에서 역할 놀이를 하듯 역지사지하는 태도는 아주 아주 중요한 덕목으로 생각합니다. 내가 고 김성재 사망 미스터리에서 가해자로 의심받는 그 여성의 식구라면, 내가 1년 동안 애써서 프로그램을 준비한 PD라면, 이렇게 서로의 입장을 바꿔서 살펴볼 수 있어야 비로소 알 권리를 제대로 행사할 수 있는 시청자가 될 수 있지 않을까 싶습니다.

즉, 저는 고 김성재 사망 미스터리 방송금지 사건에 관해 그알 애청자로서 아주 깊은 유감을 가지고 있습니다. 더불어 국민의 알 권리가 아주 중요한 공적 영역인 보도 부문에서 제한됐다고 생각합니다. 하지만 그럼에도, 여전히 불확실한 사실이나 확정할 수 없는 합리적 의심 수준의 이야기가 누군가를 살인자로 사실상 단정하는 집단적 마녀사냥의 위험까지 감수해야 하는 일인지에 관해서는 아직 확신이 없습니다.

저는 이 책에서 항상 제가 옳은 답을 제시하는 사람이 아니라고 말했습니다. 그저 옳은 답을 제시하기 위해 함께 고민하고, 그 고민의 방법론을 함께 고민하는 사람이라고 말했습니다. 그리고 그 답은 고정된 것이 아니라 항상 우리가 발 딛는 여기라는 공간, 우리가 숨 쉬는 지금이라는 시간 속에서 함께 더 단단해지고, 또 때로는 형체도 없이 사라져 다른 원칙과 기준으로 대체될 수 있는 것이라고 말했습니다.

끝으로 한 번 더 말하고 싶습니다. 정해진 답을 가지고 사람들을 훈계하는 '꼰대'가 되지 마십시오. 그 대신 항상 새로운 질문과 답을 찾아가는 탐험가가 되십시오. 여러분의 건투를 빕니다.

간추려 보기

- 우리의 확신이, 우리의 정의감이, 우리의 인간애가 어쩌면 부족한 정보에 바탕을 둔 손쉬운 맹신의 결과일 수도 있다.
- 정답은 고정된 것이 아니라 항상 우리가 발 딛는 여기라는 공간, 우리가 숨 쉬는 지금이라는 시간 속에서 함께 더 단단해질 수 있고, 또 때로는 형체도 없이 사라져 다른 원칙과 기준으로 대체될 수 있는 것이다.

용어 설명

공익 공공의 이익, 즉 사회구성원 전체의 이익을 말한다. 민주 국가든 독재 국가든 행정의 목적을 공익의 달성에 두고 있다. 그래서 어떤 학자는 사익의 총합을, 또 어떤 학자는 사익을 초월한 실체적·규범적·도덕적 개념으로 파악한다.

형사소송 살인, 상해, 폭행, 성범죄 등 각종 범죄를 저지른 사람에게 국가가 형벌을 가하는 절차다. 범죄 발생 시 수사기관이 이를 수사하고 체포·구금·압수·수색과 공소의 제기, 변호인의 선임, 재판과 판결의 선고에 이르기까지 형벌을 집행하게 되는 과정을 가리킨다.

민사소송 개인과 개인 사이에 일어나는 권리나 법률관계에 대한 갈등을 법원이 법률적으로 해결하는 절차를 말한다.

명예 국어사전에서는 명예를 "세상에서 훌륭하다고 인정되는 이름이나 자랑. 또는 그런 존엄이나 품위."라고 정의한다. 그렇다면 범죄자는 어떨까? 범죄자를 훌륭하다고 인정할 수 없으므로 국어사전의 정의에 따른다면 명예가 없다고 할 수 있다. 하지만 법에서 보호하는 명예란 사람이 사회에서 가지는 지위나 평가를 말하므로 법률상으로는 범죄자도 명예가 있다.

표현의 자유 표현의 자유는 공동체의 구성원으로서 가지는 권리다. 특히 민주주의의 필수불가결한 기본권이라 할 수 있다. 대표적으로 언론·출판의 자유와 집회·결사의 자유가 있다.

사실적시 실제로 있었던 일을 공공연하게 지적하여 보이는 것을 말한다.

고소와 고발 고소는 범죄의 피해자 혹은 관련된 사람이 수사기관에 범죄를 신고하는 것을 말하고, 고발은 범인 또는 피해자 이외의 그 일과 직접적 관련이 없는 목격자 등 제삼자가 수사기관에 범죄를 신고하는 것을 말한다.

원심 현재의 재판보다 한 단계 앞서 받은 재판 또는 법원. 항소에서는 초심의 재판, 상고에서는 항소의 재판을 말한다.

미필적 고의 보험금을 탈 목적으로 자기 집에 방화할 때 혹시 옆집에 불이 붙어 잠

자던 사람이 타죽을 수도 있겠네 하고 예견을 하고도, 타죽어도 어쩔 수 없다고 생각하면 방화의 미필적 고의가 있는 것이고 고의가 인정된다.

위법성 조각 형식적으로는 범죄 행위나 불법 행위로서의 조건을 갖추고 있어도 실질적으로는 위법이 아니라고 인정하는 것을 말한다. 여기서 '조각'은 방해하거나 물리친다는 뜻이다.

단체교섭 노동조합 혹은 근로자단체와 사용자 또는 사용자단체 사이에 근로조건의 개선과 근로자의 경제적·사회적 지위 향상에 관한 집단적 교섭을 말한다.

갑질 갑을관계는 계약서 상에서 계약 당사자를 순서대로 지칭하는 법률 용어였던 '갑(甲)'과 '을(乙)'에서 비롯됐다. 애초 갑을관계는 주종이나 우열, 높낮이를 구분하는 개념이 아니라 수평적 나열을 의미한 것이었지만 한국에선 상하관계나 주종관계로 인식되고 있다. 갑질이라는 말은 권력의 우위에 있다고 여겨진 '갑'에 어떤 행동을 뜻하는 접미사인 '질'을 붙여 만든 말로, 권리관계에서 약자인 을에게 하는 갑의 부당 행위를 말한다.

친고죄 범죄의 피해자나 법률이 정한 자의 고소가 있어야 처벌할 수 있는 범죄다. 사자명예훼손죄, 모욕죄 등이 친고죄다. 친고죄를 인정하는 이유는 피해자나 피해자 가족의 의사와 명예를 존중할 필요가 있거나, 그 죄질이 경미한 경우다.

반의사불벌죄 피해자가 가해자의 처벌을 원하지 않는다는 의사를 표시하면 처벌할 수 없는 범죄다. 반의사불벌죄는 처벌을 원하는 피해자의 의사표시 없이도 검찰이 소송을 제기할 수 있다. 하지만 친고죄는 고소·고발이 있어야만 검찰이 소송을 제기할 수 있다.

유권해석 국가기관이 행하기 때문에 법적 구속력이 생기는 해석이다. 공권적 해석이라고도 한다.

참고 자료

대한민국헌법   헌법 제10호 전부개정 1987.10.29.

형법   법률 제17265호 일부개정 2020. 05. 19.

정보통신망 이용촉진 및 정보보호 등에 관한 법률   법률 제17358호 일부개정
                                                     2020. 06. 09.

전기통신사업법   법률 제17460호(국가철도공단법) 일부개정 2020. 06. 09.

이재상. 2004. 형법각론(제5판).   박영사

민노씨. 2019. 홍길동의 죄: 사실적시 명예훼손과 공익성.
                              슬로우뉴스. https://slownews.kr/72643

김민정. 2019. '혐오표현시대의 임시조치제도 개선방향을 논하다' 토론회
                              국회의원회관 제8간담회의실

황상기. 2015. 인터넷상의 표현의 자유 관련 판례 10선: 6. 임시조치 사건.
                              오픈넷. https://opennet.or.kr/10116

더 알아보기

사단법인 오픈넷
https://opennet.or.kr/
대한민국의 비영리 사단법인으로 표현의 자유 보장, 감시와 관찰로부터의 자유, 폐쇄적 규제 개정, 망 중립성 확보, 공공데이터 개방 및 활용, 저작권과 특허제도에 대한 대안 제시를 활동 목표로 삼는다.

한국형사정책연구원
https://www.kic.re.kr/index.jsp
정부출연 연구기관으로 '한국형사정책연구원법'(1988)에 의해 설립됐다. "각종 범죄의 실태와 원인 및 그 대책을 종합적·체계적으로 분석·연구함으로써 국가의 형사정책수립과 범죄방지에 이바지"함을 목적으로 한다.

유엔 자유권규약위원회
유엔 자유권규약위원회(UNHRC; United Nations Human Rights Committee)은 자유권규약(a, b, c, d로 나뉜 국제인권규약 중 b규약)에 의해 1976년 설립된 기관이다.

유럽평의회

https://www.coe.int/en/web/portal/home

유럽 평의회(영어: Council of Europe, 불어: Conseil de l'Europe) 약칭 'CoE'는 1949년에 설립된 유럽의 국제 기구로 유럽의 경제·사회적 발전을 촉진하기 위해 가맹국의 긴밀한 협조에 의한 공동의 이상과 원칙을 지지하고 있으며 국방 분야를 제외한 모든 분야에서 점진적인 유럽 통합을 지향한다.

유엔 인권위원회

유엔 경제사회이사회 산하의 위원회로 세계의 인권 보호 및 증진을 목표로 한다. 현재는 활동이 종료되었으며, 유엔 인권 이사회(UNHRC)로 개편, 발전되어 2006년 새로 설립되었다.

고등연구계획국

고등연구계획국(ARPA 또는 ARP, Advanced Research Projects Agency)은 미국 국방성의 연구, 개발 부문을 담당하는 부서다. 인터넷의 원형 아파넷을 개발했다. 현재는 방위 고등 연구 계획국(DARPA , Defense Advanced Research Projects Agency)으로 개편했다.

찾아보기

내인생책은 한 권의 책을 만들 때마다
우리 아이들이 나중에 자라 이 책이 '내 인생의 책'이라고 말할 수 있는 책을 만들고자 합니다.

세상에 대하여 우리가 더 잘 알아야 할 교양
⑧② **명예훼손** 사실을 말해도?

민노(강성모) 지음

초판 인쇄일 2020년 7월 1일 ┃ 초판 발행일 2020년 7월 15일
펴낸이 조기룡 ┃ 펴낸곳 내인생의책 ┃ 등록번호 제10-2315호
주소 서울시 성동구 연무장5가길 7 현대테라스타워 E동 1403호
전화 02) 335-0449, 335-0445(편집) ┃ 팩스 02) 6499-1165

ISBN 979-11-5723-631-2(44300)
         979-11-5723-620-6 (세트)

책값은 뒤표지에 있습니다. 잘못된 책은 구입처에서 바꾸어 드립니다.

이 도서의 국립중앙도서관 출판예정도서목록(CIP)은 서지정보유통지원시스템 홈페이지(http://seoji.nl.go.kr)와
국가자료종합목록 구축시스템(http://kolis-net.nl.go.kr)에서 이용하실 수 있습니다. (CIP제어번호 : CIP2020026064)

내인생의책에서는 참신한 발상, 따뜻한 시선을 가진 원고를 기다리고 있습니다.
원고는 나무의 목숨값에 해당하는 가치를 지녔으면 합니다.
원고는 내인생의책 전자우편이나 홈페이지를 이용해 보내 주세요.

전자 우편 bookinmylife@naver.com ┃ **홈페이지** http://bookinmylife.com

어린이제품 안전 특별법에 의한 제품 표시

제조자명 내인생의책 ┃ **제조 연월** 2020년 7월 ┃ **제조국** 대한민국 ┃ **사용연령** 5세 이상 어린이 제품
주소 및 연락처 서울시 성동구 연무장5가길 7 현대테라스타워 E동 1403호 02) 335-0449